目次

「ビジネス・コミュニケーション」(商業704)準拠問題集

JN060087

■本書の使い方

①この問題集は，実教出版の教科書「ビジネス・コミュニケーション」(商業704)に準拠しています。

②穴埋め形式の**要点整理**で知識を定着させたあと，応用的な問題を含む**Step問題**にチャレンジしましょう。

③要点整理には，一定のまとまりごとに，**チェックボックス**をつけました。よくできた場合は，一番上のチェックボックス(☺)にチェックをつけましょう。できた場合は真ん中(☺)，あとでもう一度解きたい場合は一番下のチェックボックス(☹)にチェックをつけましょう。すべてのチェックボックスが笑顔になるまでくり返し解きましょう。

④Step問題は，難易度の高い問題に💡，記述問題に✏️をつけました。記述問題は**解答のポイント**を別冊解答解説に掲載しています。自分自身の解答がポイントをおさえられているかを確認しましょう。

⑤各章末に，教科書の内容に関連した実習課題である**探究問題**や**重要用語の確認**を掲載しています。9章末の**重要用語の確認**は，「4編 ビジネスと外国語」全体から重要用語をピックアップしました。

⑥よりよい学習を実践できるよう**目標設定＆振り返りシート**(p.94)を活用してください。

1 節　企業の組織と意思決定

教科書 p.6〜9

● 要点整理

正答数　　／17問

教科書の内容についてまとめた次の文章の（　　　）にあてはまる語句を書きなさい。

Check!

1 企業の組織

教科書 p.6〜7

一般的に企業では組織をつくり，そこで働く人々がそれぞれの仕事を分担してビジネスを行っている。それぞれに割りあてられた仕事を（①　　　　　）といい，この（①）を分担する組織上の地位を（②　　　　　）という。

組織は，企業経営の基本的な方針を決定し，経営責任を持つ（③　　　　　），基本的な方針を具体化する行動計画を立て，従業員の仕事の進め方を把握し，評価する（④　　　　　），（⑤　　　　　）の3層に大きく分けられる。

仕入，製造，販売などの職能や機能などで編成される組織を（⑥　　　　　）といい，製品ごと，事業ごと，地域ごとなどに部門化して，それぞれの部門の事業を行う組織を（⑦　　　　　）という。

（④）が行う管理の仕事が効率的に行われ，組織が効果的に運営されるためには，次のような原則がある。部下は，常に一人の上司から指示・命令を受けるようにする原則を（⑧　　　　　）の原則という。また，職務を遂行する場合の権限の範囲はその職務に見合ったものにし，働く人々はその権限に見合った責任をとらなければならないという原則を（⑨　　　　　）の原則という。さらに，一人の上司が有効に管理・統制できる適正な人数の部下を持つようにする原則を（⑩　　　　　）の原則という。

Check!

2 意思決定

教科書 p.8

企業は，ビジネスの目的や経営理念を達成するため，事業計画を実行する際には，情報を収集・分析し，さまざまな案の中から最適な案を選択している。この一連の行為を（⑪　　　　　）という。企業における（⑪）は，ビジネスの目的や経営理念に沿って行う必要があり，組織のさまざまな階層で行われている。

最も一般的な企業の形態である株式会社では，株主が会社の運営に関する基本事項を決める（⑫　　　　　）が最高の（⑪）機関であり，その決定に基づいて経営に関する通常の（⑪）を行う機関が（⑬　　　　　）である。

Check!

3 意思決定の種類

教科書 p.9

意思決定には，物品の購入や作業改善など，日々の仕事を効率的に行うために必要な簡単な課題に対して行う（⑭　　　　　）な意思決定と，企業の経営方針や経営戦略な

ど，企業の根幹にかかわるような複雑な課題や非日常的な課題に対して行う（⑮　　　　　　）な意思決定がある。

4 意思決定の方法

教科書 p.9

Check!

　組織における意思決定は会議によって行われるのが原則であるが，定型的な課題に関する意思決定は，発案者が作成した文書を関係者に回覧して，それぞれの承認を求める（⑯　　　　　　）によって行う場合もある。この文書のことを（⑰　　　　　　）という。

▶Step問題

正答数　　／8問

1 次の各文の下線部が正しい場合は○を，誤っている場合は正しい語句を書きなさい。

(1)　組織においてそれぞれに割りあてられた仕事のことを職位という。

(2)　仕入，製造，販売などの職能や機能などで編成される組織を事業部制組織という。

(3)　上司は部下に権限を与える場合，部下の出した結果には監督責任を負う。

(4)　株式会社における最高の意思決定機関は取締役会である。

(5)　物品の購入や作業改善など，日々の仕事を効率的に行うために必要な簡単な課題に対して行う意思決定のことを定型的な意思決定という。

(1)		(2)		(3)	
(4)		(5)			

2 次の説明にあてはまる管理の原則をそれぞれ何というか書きなさい。

(1)　一人の上司が有効に管理できる人数には限りがあるため，適正な人数の部下を持つ必要がある。

(2)　複数の上司からそれぞれ異なる命令を受けると部下が混乱するため，部下は常に一人の上司から指示・命令を受けるようにする必要がある。

(3)　職務を遂行する場合，権限の範囲はその職務に見合ったものである必要があり，その権限に見合った責任をとる必要がある。

(1)		(2)	
(3)			

2節 業務の進行方法

● 要点整理

正答数 ／11問

教科書の内容についてまとめた次の文章の(　　　　)にあてはまる語句を書きなさい。

Check!
1 指示・命令の受け方

教科書 p.10

企業の組織は階層化された(① 　　　　　　　)であることが多く，一般従業員は，上司からの指示・命令に基づいて仕事を行う場合が多い。指示・命令を受けるときは，次の点に留意する。

・呼ばれたら「はい」と返事をして席を立ち，上司のもとへ行く。

・指示を受ける際は，メモをとりながら聞き，内容については，(② 　　　　　　　)を活用し，整理しながらまとめる。

・質問は上司の話が終わってからにし，要点は(③ 　　　　　　　)して確認する。

Check!
2 業務の進め方

教科書 p.10〜11

業務を進めるにあたっては，あらゆる場面で上司や先輩，同僚に対するホウ・レン・ソウ，即ち(④ 　　　　　　)・(⑤ 　　　　　　)・(⑥ 　　　　　　)を心がける。

ホウ・レン・ソウは箇条書きにまとめた文書を用意したり，結論からはじめたりするなど，速やかに要領よく行う。また，問題が生じたときや，業務の進行状況が悪いときほど早めに上司に(④)を行う。そして，(⑤)を受けたらその情報を必要とする人や部署に速やかに連絡する。さらに，依頼された仕事が手に負えないときなどは，一人で悩まず，上司や先輩，同僚に(⑥)するとよい。

また，計画(Plan)→実行(Do)→評価(Check)→改善(Act)の四つのプロセスを順に実施する(⑦ 　　　　　　　)サイクルを用いて業務の改善をはかり，次の計画策定に役立てるようにする。

Check!
3 スケジュール管理

教科書 p.12〜13

効率的に仕事をしていくためには，仕事の優先順位と時間配分の決め方が大切である。また，行動予定を記録する(⑧ 　　　　　　　　)を作成することで，仕事の見通しを立てたり，仕事の漏れをなくしたりすることができる。

仕事の優先順位を決める際は，(⑨ 　　　　　　　)を第一に考え，時間のかかる仕事から取り組むようにする。また，(⑩ 　　　　　　　)にその日のスケジュールを確認し，優先順位と時間帯を決めてから仕事に取りかかると効率的である。時間配分にはゆとりをもたせ，仕事が業務時間内に終わるように，計画的に時間を配分する。

（⑧）は誰が見てもわかるようにまとめ，紙で共有する場合はなるべく 1 枚におさまるように作成し，（⑪　　　　　　　　　　　）などで共有できる場合はそれを利用する。

▶Step 問題

正答数　　／13問

1 次の各文の内容が正しい場合は○を，誤っている場合は×を書きなさい。

(1)　上司から指示・命令を受けるときは，不明な点や理解できなかった点は，話の途中でも遠慮なく聞くとよい。

(2)　上司からの指示・命令はメモをとりながら聞き，要点をメモにまとめておけば，特に疑問がない場合は復唱して確認する必要はない。

(3)　業務については期限までに終わらせることが重要であるため，好き嫌いなどで優先順位を決めるのではなく，期限を第一に考える。

(4)　一日の仕事が順調に進んだ場合は，あき時間で同僚とおしゃべりをするなどコミュニケーションを図るとよい。

(5)　スケジュール表を作成するときには，毎年，毎月決まっている定例のものを最初に記入しておく。

(1)		(2)		(3)		(4)		(5)	

2 次の上司からの指示を，5W3Hを活用してまとめなさい。

指示内容

　千代田支店の開業に合わせたセール用の新規オープンチラシ10,000部を 6 月30日までに東京印刷に発注しておいて下さい。納期は 7 月20日で，千代田支店に直接届けさせて下さい。前回目黒支店の開業時にも東京印刷の鈴木さんに頼んであるから大丈夫だと思うけれど，三つ折りにした形で納入してもらってください。予算は税込みで￥30,000です。

When	発注		Why	
	納期			
Where			How	
Who			How Many	
What			How Much	

③節 仕事に対する心がまえ

教科書 p.14〜17

● 要点整理

正答数 ／13問

教科書の内容についてまとめた次の文章の(　　　)にあてはまる語句を書きなさい。

Check!

1 社会人として望ましい心がまえとルール

教科書 p.14〜15

企業という組織の中で働くためには，社会人としての自覚や(① 　　　　　　　)をもち，組織の一員として社内のルールや習慣を身につけ，それを守っていかなければならない。

社会人は労働条件などを定めた(② 　　　　　　　)を守らなければならない。また，(②)のように明文化されたものだけでなく，社内で受け継がれてきた(③ 　　　　　　　)などを大切にすることも社会人として望ましい態度である。

自身の体調や時間を適切に管理することを(④ 　　　　　　　)という。(④)には，自分の健康状態を良好に保ち，心身ともにゆとりをもって仕事に専念する(⑤ 　　　　　　　)と，スケジュールの管理をして，仕事を計画的，効率的に行う(⑥ 　　　　　　　)がある。

就業時間中は，私用の電話やメールをするなど，仕事に関係のないことは慎み，取引先に対して仕事とは関係のない要求をしたり，部下に対して安易に私用を頼んだりするなどの(⑦ 　　　　　　　)をしないようにする。

また，職務上知り得た情報は，決して社内外にもらしてはならない。

住所などの(⑧ 　　　　　　　)が記載された資料やデータは，離席時は，机の引き出しのなかにしまったり，パソコンを(⑨ 　　　　　　　)したりして，人の目に触れないようにする。また，仕事で使用する資料やデータも，原則として社外に持ち出してはならない。

そして，与えられた仕事に精一杯取り組み，何事にも全力であたる姿勢が大切である。

2 チームの一員として働く心がまえ

教科書 p.16〜17

Check!

企業の一員として働くには，周囲と良好な(⑩ 　　　　　　　)を築き，個人ではなく，チームとして働く意識を持つことが大切である。

企業では，年齢や価値観，国籍，性別，障がいの有無などが異なる多様な人々が一緒に働いている。また，社員も正規社員だけでなく，契約社員や派遣社員，アルバイトなどさまざまな(⑪ 　　　　　　　)の人々が同じ職場で働いている。文化や習慣，就業時間などの労働条件が異なっていても，すべての人が誇りを持って，チームとして気持ちよく働けるような配慮を忘れないようにすることが大切である。

休暇をとるときも，自分の都合だけで決めたりせず，繁忙期を避けたり，なるべく早く

届け出たりといった（⑫　　　　　　　　　）を忘れないようにする。

　また，歓送迎会や懇親会，社員旅行などの親睦を深める（⑬　　　　　　　　　　）にはできるだけ参加し，周囲の人とのコミュニケーションをとるようにする。

▶Step問題

正答数　　／7問

1 次の各文の内容が正しい場合は○を，誤っている場合は×を書きなさい。

(1)　就業規則を守らない場合は解雇の理由となることもあるが，慣習は守らなくても解雇されることはないので，持ち回りの清掃などはやりたくなければ断ってもよい。

(2)　社内の更衣室などでは，周囲は同じ会社の人ばかりなのでどのような仕事の話をしても構わない。

(3)　芸能人が来店したことは店の宣伝になるため，SNSで拡散しても問題はない。

(4)　性別や国籍，働き方などが異なるさまざまな人々がいる多様な状況をダイバーシティといい，その多様性を活かした経営をダイバーシティ経営という。

(5)　休みを取ることは権利であるが，繁忙期を避けたり，事前に仕事の手配をしておいたり，出社した際に周囲へ挨拶をしたりすると，人間関係を良好に保つことができる。

(1)		(2)		(3)		(4)		(5)	

2 次の各文の中から，説明している内容が最も適切なものを一つ選び，記号で答えなさい。

ア　通勤時間は仕事をするための有効な時間なので，通勤電車内でパソコンを使って新製品のプレゼンテーション資料を作った。

イ　個人情報が記載された資料やデータは，離席時は机の引き出しのなかにしまい，パソコンはロックするようにしている。

ウ　アルバイトは正社員ではないので，就業中のことをSNSで発信しても構わない。

エ　やむを得ず仕事で使用する資料やデータを社外に持ち出す場合は，暗証番号などを設定すれば上司の許可を得る必要はない。

3 次の各文の中から，説明している内容が最も適切なものを一つ選び，記号で答えなさい。

ア　得意先を訪問する場合は，約束した時間の5分前には到着するようにする。

イ　サンプル商品などはいつ必要になるかわからないので，自由に家に持ち帰ってよい。

ウ　あまり重要でない仕事は少し手を抜いて行い，重要な仕事に力を蓄えておく。

エ　社内行事に参加する必要はない。

4 節 人的ネットワークの構築

教科書 p.18～19

要点整理

正答数 ／8問

教科書の内容についてまとめた次の文章の（　　　）にあてはまる語句を書きなさい。

Check!

1 社内の人的ネットワーク

教科書 p.18

人と人との繋がり，即ち（①　　　　　　　　）は仕事を円滑に進めるための重要な要素であり，仕事の経験とともにこれを広げていくことが社会人には求められる。同じ会社でも取り組む仕事が違えば，仕事の進め方や発想，経験なども異なるため，社内の人間関係を広げていくことで学ぶことは多い。

Check!

2 社外の人的ネットワーク

教科書 p.18

社外の人から見れば，実際に接している相手の（②　　　　　　）が会社の（②）になる。そのため，自分が会社を代表しているという気持ちで誠実に対応しなければならない。そして仕事を通して得られた信頼を礎に，その人との繋がりも大切にしていくことが次の仕事に繋がっていく。社外の人的ネットワークを広げることは自分の視野を広げ，次の（③　　　　　　　　）に繋がる。社外の人と積極的にかかわる姿勢が大切である。

Check!

3 顧客との信頼関係の重要性

教科書 p.19

顧客と信頼関係を築き，顧客との人的ネットワークを確立することは，（④　　　　　　　　）を高め，再び商品やサービスを購入してもらうことに繋がる。顧客が商品やサービス，ブランドや会社に対して感じる信頼や愛着のことを（⑤　　　　　　　　）という。（⑤）が高まると，長期間にわたり商品を購入してくれるだけでなく，購入金額や購入回数が増えたり，ほかの人に商品を宣伝してくれたり，他社の商品やサービスより優先的に利用してくれたりするようになり，売上が拡大する。（⑤）を高めるには，問い合わせや（⑥　　　　　　　　）などにすぐに対応し，顧客が大切にされていると感じる応対をすることが重要である。

（⑤）を高め，会社や商品のファンになってもらうための施策のことを（⑦　　　　　　　）という。例えば，商品を買ってもらったお客に対し，セールのダイレクトメールを出す際に一言添えたり，データベースから顧客の過去の購入履歴を参考に商品を勧めたりするなど，顧客本位に，一人ひとりが求めるものを的確に提供することなどがある。以前から（⑦）は行われていたが，情報技術の進展により，より膨大な量の（⑧　　　　　　　　）を蓄積し，分析することが可能になったため，企業規模の大小や顧客の多少にかかわらず，顧客に寄り添う活動ができるようになっている。

ビジネス・コミュニケーション（商業704）準拠問題集　解答・解説

1章 企業の組織と人間関係
1節 企業の組織と意思決定

●要点整理 p.2~3

①職務　②職位　③経営者層　④管理者層
⑤一般従業員　⑥職能別組織　⑦事業部制組織
⑧命令系統一元化　⑨権限と責任一致
⑩統制の範囲　⑪意思決定　⑫株主総会
⑬取締役会　⑭定型的　⑮非定型的　⑯稟議
⑰稟議書

▶Step問題 p.3

① (1)職務　(2)職能別組織　(3)○　(4)株主総会
(5)○

② (1)統制の範囲の原則
(2)命令系統一元化の原則
(3)権限と責任一致の原則

1章 企業の組織と人間関係
2節 業務の進行方法

●要点整理 p.4~5

①縦割り　②5W3H　③復唱　④報告　⑤連絡
⑥相談　⑦PDCA　⑧スケジュール表
⑨期限（納期）　⑩朝（始業前）　⑪グループウェア

▶Step問題 p.5

① (1)×　(2)×　(3)○　(4)×　(5)○

【解説】(1)質問は上司の話が終わってからにする。(2)思わぬ手違いや勘違いが生じないように，話の最後に復唱して確認する。(4)あき時間はおしゃべりではなく，すぐにできる仕事を処理したり，情報収集の時間に使ったりするとよい。

②

When	発注	6月30日まで	Why	千代田支店の開業セール用
	納期	7月20日まで		
Where	千代田支店に（直接納入）		How	三つ折りにした形
Who	東京印刷（の鈴木さん）		How Many	10,000部
What	（千代田支店の）新規オープンチラシ		How Much	税込みで¥30,000まで

1章 企業の組織と人間関係
3節 仕事に対する心がまえ

●要点整理 p.6~7

①倫理観　②就業規則　③慣習　④自己管理
⑤健康管理　⑥時間管理　⑦公私混同　⑧個人情報
⑨ロック　⑩人間関係　⑪雇用形態　⑫気配り
⑬（社内）行事

▶Step問題 p.7

① (1)×　(2)×　(3)×　(4)○　(5)○

【解説】(1)慣習を守ることは良好な人間関係を保つ上で大切なことである。(2)社内であっても，誰が聞いているかわからないので，職務上知り得た情報は安易に話さない。(3)お客のプライベートな情報を許可なくSNSに流すと企業の信用問題に発展してしまうため，倫理観を持って仕事にあたる必要がある。

② イ

【解説】(1)ア．通勤電車内など，誰に資料を見られるかわからない場所で資料を作成してはいけない。ウ．アルバイトも正社員も企業の従業員であることに変わりはない。エ．上司の許可が必要である。

③ ア

【解説】イ．会社の備品を勝手に持ち帰ってはいけない。ウ．どんな仕事でも精一杯取り組む姿勢が大切である。エ．参加は必須ではないが，できるだけ参加するようにする。

1章 企業の組織と人間関係
4節 人的ネットワークの構築

●要点整理 p.8

①人的ネットワーク　②印象　③ビジネスチャンス
④顧客満足度　⑤顧客ロイヤルティ　⑥クレーム
⑦CRM　⑧顧客データ

▶Step問題 p.9

① (1)○　(2)顧客ロイヤルティ　(3)CRM
(4)○　(5)フリーランス

② エ

【解説】CRMはデータベースを活用したものである。

③ 例1 校内で人とすれ違ったときには，深い関わりのない相手でも挨拶をする。
例2 SNSをフォローする。
例3 イベントなどに参加する。

■解答のポイント

□自分自身が普段の生活の中で行っていることが書かれているか。

□誤字脱字がないか，□日本語として正しい文章が書けているかは，すべての筆記問題で確認しよう！

◆ 探究問題 p.10

【解答例】

1 直属の上司以外から仕事を頼まれたが，期限が迫っている仕事があり頼まれた仕事をこなす時間がない場合，どのように対処したらよいか考えてみよう。

> 例 期限が迫っている仕事があってこなせないことを説明する。直属の上司に，別の仕事を頼まれたことと，期限が迫っている仕事があるため別の仕事をこなせないことを報告し，指示を仰ぐ。

2 スケジュール管理を行うメリットをあげてみよう。

> 例 先の仕事を見通して行動予定を立てられるため，無駄なく効率的に取り組める。スケジュール表を見返すことで，仕事の無駄を見直すきっかけになる。

3 ダイバーシティ経営とは何か説明してみよう。

> 例 性別や国籍，働き方などが異なるさまざまな人々がいる多様な状況を活かした経営のこと。

4 ダイバーシティ経営を実施している企業の取り組み事例について調べてみよう。

> 例 企業名　　　大橋運輸株式会社
> 取り組み事例
> 女性・外国人・LGBTといった多様な人材が働きやすい環境を作ることで人手不足を解消している。子育て中の女性が働きやすいように短時間勤務の社員を複数雇ったり，フィリピン出身の社員を正社員採用し，年1回の里帰り旅費を補助したり，定期的な面談などを実施して会社への定着を図っている。

■ 解答のポイント

> ☐ それぞれの項目に回答しているか。
> ☐ 対処法や取り組み事例などが具体的か。

■ 重要用語の確認 p.11

(1)職務　(2)職位　(3)経営者層　(4)管理者層
(5)職能別組織　(6)事業部制組織
(7)命令系統一元化の原則　(8)権限と責任一致の原則
(9)統制の範囲の原則　(10)意思決定　(11)株主総会
(12)非定型的な意思決定　(13)稟議
(14)PDCAサイクル　(15)倫理観　(16)就業規則
(17)自己管理　(18)個人情報　(19)人的ネットワーク
(20)顧客ロイヤルティ　(21)CRM

2章 応対に関するビジネスマナー
1節 挨拶

● 要点整理 p.12〜13

①挨拶　②握手　③お辞儀(②，③は順不同)
④立ち止まって　⑤黙礼　⑥同じ段　⑦内側　⑧脇
⑨立ち上がり　⑩右手　⑪しない　⑫背筋　⑬目
⑭動作　⑮ゆっくり　⑯Time(時間)
⑰Place(場所)　⑱Occasion(場合)　⑲会釈

⑳15°　㉑3m　㉒30°　㉓1.5m　㉔最敬礼
㉕45°　㉖1m

▶ Step問題 p.13

1 (1)×　(2)×　(3)○　(4)×　(5)×

【解説】(1)挨拶は同僚など知った人にも行う。(2)相手が話しながら歩いてきたときは，話の邪魔をしないように黙礼する。(4)握手をするときは，お辞儀をしない。(5)操作盤の前にいる場合は，来客に会釈してエレベーターの奥に招き，「何階でしょうか」と声をかける。

2 ①イ　②ウ　③ア

2章 応対に関するビジネスマナー
2節 身だしなみ・表情・身のこなし

● 要点整理 p.14〜15

①第一印象　②好感　③清潔さ　④不快　⑤機能性
⑥調和　⑦雰囲気　⑧好印象　⑨笑顔　⑩安心感
⑪スタンバイスマイル　⑫口角　⑬首
⑭胸元(⑬・⑭は順不同)　⑮メリハリ　⑯指先
⑰両手　⑱もう片方の手　⑲背筋　⑳膝
㉑スリーステップ　㉒左側　㉓左側　㉔胸　㉕右手
㉖左　㉗180°　㉘正面　㉙左手　㉚右手

▶ Step問題 p.15〜16

1 (1)よい笑顔(微笑)　(2)スタンバイスマイル

2

3 (1)　椅子にかけるとき

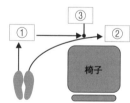

(2)　椅子から立つとき

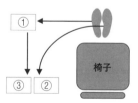

4 (1)両手　(2)○　(3)○　(4)反対側の　(5)○

5 イ

● **要点整理** p.17〜18

①高 ②低 ③お持ちになる ④おっしゃる

⑤自分 ⑥へりくだる ⑦お持ちする

⑧申し上げる ⑨です ⑩ます(⑨・⑩は順不同)

⑪美化語 ⑫尊敬語 ⑬謙譲語 ⑭二重敬語

⑮クッション言葉 ⑯依頼形 ⑰理由 ⑱代案

⑲意向 ⑳誠意 ㉑尊重 ㉒それでよいです

㉓必要ありません

▶**Step問題** p.18〜19

1 (1)B (2)A (3)B (4)B (5)A (6)A

(7)B (8)A (9)A (10)B

2 (1) なさる／いたします

(2) 申し上げれば／おっしゃって

(3) 拝見しました／ご覧になり

(4) いらっしゃる／参ります(伺います)

(5) 召し上がら／いただきます

3 (1) 課長，10時にお約束の藤谷様が参られました。 参られ→いらっしゃい

(2) こちらが資料です。どうぞ拝見されてください。拝見されて→ご覧

(3) お客様がおっしゃられたように，たいへんよい商品です。

おっしゃられた→おっしゃった

(4) コーヒーにいたしますか。それともお茶がよろしいでしょうか。 いたし→なさい

(5) 【レジでの会計の場面で】1,000円からお預かりいたします。から→なし

(6) 恐れ入りますが，あちらの受付で伺っていただけますでしょうか。 伺って→お聞き

(7) お客様，商品のほうをお持ちいたしました。 のほう→なし

(8) こちらをご覧になられてください。

なられて→なって

4 (1)ウ (2)エ (3)イ (4)ア (5)オ

5 (1)例 申し訳ございません。あいにく切らしております。よろしければすぐに手配をいたしましょうか。

■**解答のポイント**

□お詫びをしているか。

□相手の意向をたずねたり，誠意が伝わる表現が用いられているか。

(2)例 申し訳ございませんが，これ以上の値引きはいたしかねます。

■**解答のポイント**

□相手に不快な思いをさせないようにクッション言葉を用いて断っているか。

● **要点整理** p.20〜21

①立って ②胸 ③目下 ④訪問者 ⑤紹介された

⑥名乗り ⑦文字 ⑧両手 ⑨右手 ⑩名刺入れ

⑪10 ⑫破いて ⑬下 ⑭上 ⑮内 ⑯外

⑰呼び捨て ⑱敬称 ⑲略歴

▶**Step問題** p.21

1 (1)○ (2)× (3)○ (4)× (5)×

2 (1) 自分の家族 (→) 親友

(2) 自分の家族 (→) 街で出会った担任の先生

(3) 部活の先輩 (←) 同じ年の親友

(4) 取引先の若い担当者 (←) 上司

3 (1)例 南国産業の黒木裕子さんです。

(2)例 先月宮崎支店から異動されました。

(3)例 黒木さんにはいつも大変お世話になっております。

■**解答のポイント**

□「黒木さんの会社名と名前」「略歴」「感謝の一言」など問題文で指定されている内容がすべて入っているか。

● **要点整理** p.22〜23

①アポイント ②用件 ③1週間 ④復唱

⑤スケジュール表 ⑥身だしなみ ⑦10 ⑧5

⑨15 ⑩建物 ⑪内 ⑫足元 ⑬あと(後)

⑭中央 ⑮1mななめ前方 ⑯手すり側 ⑰先

⑱後ろ ⑲前 ⑳自分 ㉑ノック ㉒両手

㉓後ろ手 ㉔上座 ㉕動き出す

▶**Step問題** p.23

1 (1)× (2)× (3)○ (4)○

【解説】(1)急用でない限り，アポイントは希望する日の1週間前までに連絡をとり，相手の都合に合わせて取る。(2)手土産は袋から出して手渡す。

② **例**四国物流営業課の○○と申します。商品配送の見積もりの件でお会いしたいのですが，10月1日水曜日の午前10時のご都合はいかがでしょうか。

■解答のポイント
- □まず会社名と名前を名乗っているか。
- □用件，面会希望日時（曜日）を伝えているか。
- □勝手に予定を決めずに，相手の都合を伺っているか。

2章 応対に関するビジネスマナー
5節 訪問・来客の応対(2)

● 要点整理 p.24
①清潔 ②茶托 ③急須 ④60 ⑤5 ⑥七
⑦戻りつぎ ⑧胸 ⑨下 ⑩ノック
⑪サイドテーブル ⑫端 ⑬片手 ⑭腰 ⑮上座
⑯右 ⑰左 ⑱右 ⑲右 ⑳コースター ㉑横向き

▶Step問題 p.25
① ①ウ→②ア→③シ→④ス→⑤イ→⑥オ→⑦ケ→⑧カ→⑨エ→⑩キ→⑪コ→⑫ク→⑬サ

②
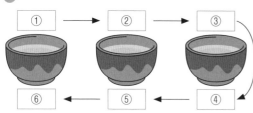

③ **イ**

2章 応対に関するビジネスマナー
6節 電話の応対

● 要点整理 p.26〜27
①正確 ②迅速 ③丁寧（①・②・③は順不同）
④2 ⑤3 ⑥お待たせしました ⑦利き手
⑧社名（会社名） ⑨お世話になります ⑩5W3H
⑪復唱 ⑫相手 ⑬飲み物 ⑭3 ⑮フック
⑯復唱 ⑰保留ボタン ⑱メモ ⑲謝罪 ⑳相づち
㉑名指し人

▶Step問題 p.27
① (1)× (2)× (3)○ (4)○ (5)○
② 申し訳ございません。あいにく井口は外出しております。16時には戻る予定です。<u>よろしければご伝言を承りましょうか</u>

③ **例**申し訳ございません。あいにく林は席を外しております。折り返しお電話をさし上げましょうか。

■解答のポイント
- □謝罪し，名指し人が不在である旨を伝えているか。
- □先方の意向を伺う内容が含まれているか。

2章 応対に関するビジネスマナー
7節 席次のマナー

● 要点整理 p.28
①席次 ②上座 ③下座 ④遠い ⑤近い ⑥右
⑦左 ⑧背もたれ ⑨長椅子 ⑩一人用
⑪ソファー ⑫遠い ⑬近い ⑭運転手 ⑮助手席
⑯真んなか ⑰進行方向 ⑱窓 ⑲窓 ⑳通路
㉑真んなか ㉒操作盤 ㉓下位者

▶Step問題 p.29
① (1) 対面型（左右）

(2) 対面型（前後）
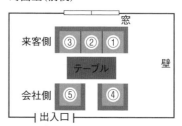

(3) 応接コーナー
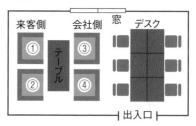

② (1) タクシーの席次（4人の場合）

(2) タクシーでの席次(3人の場合)

(3) 自家用車の席次(上位者が運転する場合)

③ (1) 列車・飛行機での席次

(2列の場合)　　　　(3列の場合)

(2) 列車での席次

(4人向かい合わせ)　(6人向かい合わせ)

④ (1) 片側に操作盤がある場合

(2) 両側に操作盤がある場合

❶ マナーとは何か，またビジネスマナーはどうして必要なのかを考えて書き出してみよう。

> 例マナーとは，相手との関係を良好にするための心がけのことである。職場では年齢や職位での上下関係がある。取引相手とは利害がからむ関係がある。仕事を通して周りの人々と良い関係を築き，効率よくスムーズに仕事を進めていくためには，相手を尊重する気持ちや，仕事に対する姿勢を行動に表すことが大切なのでビジネスマナーは必要である。

❷ 初対面の相手に，第一印象で好感を持ってもらうには，どうすればよいでしょうか。具体的に何をどうすればよいかを整理して書いてみよう。

> (何を)　　　例挨拶をする。
> (どのように)例誰に対しても，あかるく元気に自分から先に，笑顔で，はっきりと大きな声で挨拶をする。お辞儀は，立ち止まってする。

❸ 取引先から注文数量変更の電話がかかってきました。あなたが電話を受けましたが，担当者が外出しており電話を取り次ぐことができません。この場合，あなたは電話をかけてきた相手にどのような提案ができますか。いくつでもあげてみよう。

> 例1代わりに伝言を受け，伝言メモを作り，名指し人が戻ってきたらきちんと伝える。
> 例2名指し人の代理の人に取り次ぐ。
> 例3名指し人が戻ってきたら電話をさせる。
> 例4自分でもできることなら，名指し人の代わりに引き受ける。

❹ マナーは理由があって今の形になっています。普段の生活やテレビに出てくるマナーで気になっているものをあげてみよう。そして，その由来を調べ，なぜ今の形になったのかを考えてみよう。

> 場面　例外国からの来賓を迎え，並んでいる場面で，来賓が迎える人の右側に並んでいる。
> 由来　例外国からの来賓を自分の右側に並んでもらっているのは，外国では「right＝正しい」という意味から「右」が上位とされているから。日本では，左側が上位とされていたが，明治時代の開国以来，世界から客を迎える機会が増えたことから，上位の側が変化したと言われている。日本で左側が上位とされていたのは，日当たりがよいので南側を正面にして家を建てる風習があり，左側の東から日が昇り，右側の西に沈むので，縁起が良い左側が上位とされていたから。

■ 解答のポイント

❶□マナーとは何かと必要な理由が書かれているか。

❷□何をどうすればよいかが具体的に書かれているか。

❸□提案を複数あげられたか。

❹□気になるマナーをあげ，由来を調べることができたか。

(1)会釈　(2)普通礼(敬礼)　(3)最敬礼　(4)TPO
(5)第一印象　(6)スリーステップ　(7)尊敬語
(8)謙譲語　(9)丁寧語　(10)美化語　(11)二重敬語
(12)クッション言葉　(13)アポイント　(14)戻りつぎ
(15)茶托　(16)コースター　(17)伝言メモ　(18)席次
(19)上座　(20)下座

3章 交際に関するビジネスマナー
1節 交際のマナー(1)

● 要点整理　　　　　　　　　　　　p.32〜33

①冠　②婚　③葬　④祭　⑤お中元　⑥暑中見舞い
⑦残暑見舞い　⑧お歳暮　⑨御年賀
⑩御年始(⑨・⑩順不同)　⑪お礼状　⑫吉日
⑬水引　⑭のし　⑮涼しげ　⑯食料品　⑰小分け
⑱結婚祝い　⑲出産祝い　⑳誕生祝い
㉑返信用はがき　㉒一週間　㉓祝電　㉔忌み言葉
㉕ドレスコード　㉖正礼装　㉗準礼装　㉘略礼装
㉙モーニング　㉚アフタヌーンドレス　㉛留袖
㉜ディレクターズスーツ　㉝ロングドレス　㉞新札
㉟袱紗

▶Step問題　　　　　　　　　　　　p.33

❶ (1)賀寿　(2)○　(3)布
❷ ①エ　②ア　③イ　④ウ

3章 交際に関するビジネスマナー
1節 交際のマナー(2)

● 要点整理　　　　　　　　　　　　p.34〜35

①ネクタイ　②結婚指輪　③香水　④10分
⑤お悔やみ　⑥不祝儀　⑦供物
⑧生花(⑦・⑧順不同)　⑨弔電　⑩現金書留
⑪弔慰　⑫出棺　⑬数珠　⑭遺影　⑮香炉　⑯柄杓
⑰手水の儀　⑱玉串　⑲案　⑳しのび手　㉑日本
㉒献花台　㉓表書き　㉔黒白　㉕結び切り　㉖薄墨
㉗新札　㉘御霊前　㉙御香典　㉚御仏前

▶Step問題　　　　　　　　　　　　p.35

❶ (1)○　(2)香典　(3)御霊前
❷ 例(男性を選んだ場合)通夜・葬儀・告別式には,
　 略礼装で参列するとよい。しかし,通夜は訃
　 報を聞いて急にかけつける場合も多いので,
　 地味な平服でも問題ない。弔事での身だしな
　 みの基本は,自分自身を飾らないことである。
　 男性はブラックスーツに白いワイシャツ,黒
　 または暗い色のネクタイを着用し,黒い靴,

黒い靴下にする。

■ 解答のポイント

□指定された用語「略礼装」と「平服」という
　語を用いているか。
□弔事での身だしなみの基本が記述されている
　か。

3章 交際に関するビジネスマナー
2節 食事のマナー

● 要点整理　　　　　　　　　　　　p.36〜37

①よりよい時間　②不快な印象　③清潔感　④席次
⑤携帯電話　⑥姿勢　⑦ペース　⑧会話　⑨遠い
⑩上位者　⑪左側　⑫にぎりこぶし　⑬背もたれ
⑭バッグ　⑮カトラリー　⑯外側　⑰ナプキン
⑱内側　⑲中座　⑳音　㉑内向き　㉒ハの字
㉓4時　㉔床の間　㉕箸　㉖裏返し　㉗懐紙
㉘おしぼり　㉙口　㉚受け皿　㉛ターンテーブル
㉜時計回り　㉝主賓　㉞レンゲ　㉟スーツ
㊱ワンピース　㊲左手　㊳右手　㊴サイドテーブル
㊵食べ残し

▶Step問題　　　　　　　　　　　　p.38

❶ (1)○　(2)床の間　(3)○　(4)陶製
　 (5)ビュッフェスタイル
❷ ①エ　②ア　③ウ　④イ
❸ 例1カトラリーは,パンやデザート用以外は,
　 　 外側から使うようにセッティングされてい
　 　 るので,使用する際は,右手でナイフ,左手
　 　 でフォークを持つ。
　 例2ナプキンは,汚れた部分を見せないように,
　 　 折りたたんである内側を使う。中座すると
　 　 きはたたんで椅子の上に置き,食事が終
　 　 わったら軽くたたんでテーブルの上に置
　 　 く。

■ 解答のポイント

□指定された用語である「カトラリー」か「ナ
　プキン」という語を用いているか。
□カトラリーやナプキンの使い方が具体的に記
　述されているか。

【解答例】

① 冠婚葬祭の「祭」に関して，自分の住んでいる地域の季節の節目の伝統行事を調べて書き出してみよう。

> 例 お正月：初詣，お盆：迎え火・送り火・墓参り，節分：豆まき，お彼岸：墓参り，七夕：七夕飾り，十五夜：月見，神社の例大祭：縁日など。

② 祝儀の金額により，祝儀袋の水引やデザインが異なるが，金額にふさわしい祝儀袋とはどのようなものかを調べてみよう。

> 例 結婚式で，1万〜3万円程度は，紅白または金銀の「結び切り水引」，高級貝のあわびを模した「あわじ結び」が基本の形。3万〜5万円程度は，金銀の「結び切り水引」の基本の形に装飾を施したもの。書きの部分が短冊ではなく，檀紙（波状に折り込まれているもの）は格が高い。5万円以上は，華やかな飾り結びの「結び切り水引」で，上質な和紙が使われているタイプ。鶴や亀などの縁起物が描かれているものもよい。

③ フランス料理やイタリア料理など，西洋料理の種類を書き出してみよう。また，調べた西洋料理で，どのようなメニューを出しているか書き出してみよう。

> 例 西洋料理には，フランス料理，イタリア料理，スペイン料理，ドイツ料理，ロシア料理などがある。
> 【フランス料理のメニュー】
> (1)アミューズ（ちょっとした小品料理），(2)オードブル（前菜），(3)スープ（パンはこの後で食べるようにする），(4)ポワソン（魚料理），(5)ソルベ（このタイミングでシャーベット。口直しなのでごく少量），(6)アントレ（肉料理。コースによっては魚か肉を選ぶ），(7)サラダ，(8)チーズ，(9)アントルメ（甘い菓子），(10)フルーツ，(11)カフェ・プティフール（コーヒーと焼き菓子）
> 【イタリア料理のメニュー】
> (1)アンティパスト（前菜），(2)プリモ・ピアット（第一メイン，パスタ），(3)セコンド・ピアット（第二メイン，魚か肉），(4)サラダまたは温野菜，(5)チーズ，(6)デザート，(7)コーヒー（エスプレッソが一般的。カプチーノはイタリアでは朝食に飲むもので，料理に対する不満の意味になるので選ばない）

④ 日本料理に使用される箸や各種の器について，その産地や使用上の注意点などを調べて書き出してみよう。

> 例 塗り箸の産地は，福井県小浜市若狭地方で日本全国の塗り箸の8割以上を生産。若狭塗箸の特徴は，海底を連想させる貝殻や卵の殻を色とりどりの色漆で十数回塗り重ねるところにある。塗り重ねた漆の層を丁寧に磨き上げることで，美しい海底のような質感が浮かび上がる。箸によっては食洗機が使用できないので，注意する必要がある。

❶ □ 自分の住んでいる地域の伝統行事を書き出すことができたか。

❷ □ 祝儀の金額別にどのような水引やデザインが祝儀袋にふさわしいかを書いているか。

❸ □ 西洋料理の種類やメニューを書き出しているか。

❹ □ 日本料理に使用される箸や器の産地と特長，使用上の注意点を書き出すことができたか。

(1)冠婚葬祭　(2)冠　(3)祭　(4)中元　(5)水引　(6)のし
(7)祝電　(8)忌み言葉　(9)ドレスコード　(10)平服
(11)燕尾服　(12)振袖　(13)祝儀　(14)弔事　(15)通夜
(16)葬儀　(17)告別式　(18)弔電　(19)数珠　(20)手水の儀
(21)献花　(22)不祝儀　(23)薄墨　(24)御霊前　(25)御仏前

(1)カトラリー　(2)ナプキン　(3)中座　(4)床の間
(5)本勝手　(6)逆勝手　(7)ねぶり箸　(8)探り箸
(9)迷い箸　(10)刺し箸　(11)渡し箸　(12)寄せ箸
(13)涙箸　(14)握り箸　(15)懐紙　(16)ターンテーブル
(17)レンゲ　(18)ビュッフェスタイル
(19)バイキングスタイル　(20)サイドテーブル

4章　接客に関するビジネスマナー
1節　接客

①商品知識　②健康管理　③私語　④挨拶　⑤公平
⑥金銭授受　⑦口頭　⑧慣習　⑨包装　⑩購買心理
⑪AIDCA　⑫注目　⑬興味　⑭欲望　⑮確信
⑯行動　⑰クロージング　⑱在庫　⑲取り寄せ票

❶　(1)○　(2)×　(3)○　(4)×　(5)○

【解説】(2)売り場での私語は慎む。(4)挨拶はしっかりと心をこめて行う。

❷　(1)興味　(2)行動　(3)確信　(4)注目　(5)欲望

❸

領収証	
	No.0123456
	発行日○年　10月　31日

株式会社愛知物産　　御中

¥88,000−

但し　　　ノートパソコン　　の代金として

上記の金額正に領収いたしました

実教商事株式会社

〒102−8377　東京都千代田区五番町5

● 要点整理　p.44

①ホスピタリティ　②おもてなし　③観光立国
④訪日外国人　⑤コミュニケーション　⑥習慣
⑦タブー　⑧アレルギー　⑨戒律　⑩ハラール料理

▶ Step問題　p.45

❶　(1)×　(2)×　(3)○　(4)○　(5)○

【解説】(1)日本語や片言の外国語でも話しかける。(2)
文化や習慣が異なるため，日本人客とは異なる配慮
が必要である。

❷　(1)ウ　(2)イ　(3)イ　(4)ア　(5)ア

❸　例ホスピタリティやおもてなしは，お客の心に
　　寄り添い，お客に喜んでもらうことを考えた
　　思いやりのある接客のことである。例えば，
　　飲食店において子どもの写真を撮っている親
　　に対して一緒の写真撮影を申し出たり，急に
　　ぐずりだした子どもにぬいぐるみを用意して
　　気をそらしたり，親や周囲のお客にゆったり
　　と食事をしてもらえるようにするなど，お客
　　のことを気遣い思いやることがホスピタリ
　　ティである。

■ 解答のポイント

□ホスピタリティやおもてなしについて説明し
　ているか。

□具体例をあげて説明しているか。

◆ 探究問題　p.46

❶ アメリカの友達におみやげを買いたいという留学生の希望に対し，あなたならどの店
に連れていくか理由とともに書いてみよう。

店	例ダイソーなどの均一ショップ
理由	例安くてかわいく便利な商品が豊富で，日本らしい商品が多くあるから。

❷ 日本食を食べたいという希望に対し，店を決める前に留学生に確認した方がよいこと
を書いてみよう。

例アレルギーがないか，食べられない食材がないかを確認
する。寿司やてんぷらなどの日本食がいいのか，ラーメ
ンやたこ焼きなどの気軽な食べ物がいいのか確認する。

❸ おいしい日本食で，接客もよい店に連れていくとしたら，あなたならどの店に連れて
いくか理由とともに書いてみよう。

店	例回転寿司
理由	例寿司だけでなく天ぷらや唐揚げ，茶碗蒸しやラーメンなどのサイドメニューも豊富で，システム自体を楽しめるから。実物が見えるので頼みやすく，安価だから。

❹ あなたが上記1や3で挙げた店の経営者だった場合，外国人のお客に接客するために
どのようなサービスやものなどを準備するべきか具体的に書いてみよう。

例外国語表記のメニューを用意し，材料やアレルギー情報
などを明記する。醤油のつけ方やお茶の入れ方などを外
国語でわかりやすく説明されたものを用意する。

■ 解答のポイント

□理由や指示された内容をきちんと書いたか。

■ 重要用語の確認　p.47

(1)購買心理　(2)AIDCAの法則
(3)注目(Attention)　(4)興味(Interest)
(5)欲望(Desire)　(6)確信(Conviction)
(7)行動(Action)　(8)クロージング　(9)在庫管理
(10)欠品対応　(11)領収証　(12)ホスピタリティ
(13)観光立国　(14)ハラール料理

5章 コミュニケーションの役割と思考方法
1節 コミュニケーションの役割と種類

● 要点整理　p.48

①人間関係　②情報　③意味(②・③は順不同)
④表情　⑤態度(④・⑤は順不同)
⑥直接的コミュニケーション
⑦間接的コミュニケーション
⑧バーバルコミュニケーション
⑨ノンバーバルコミュニケーション
⑩ジェスチャー　⑪公式
⑫フォーマルコミュニケーション　⑬非公式
⑭インフォーマルコミュニケーション

❶ (1)直接的コミュニケーション　(2)○
　(3)バーバルコミュニケーション　(4)○
　(5)インフォーマルコミュニケーション

❷ (1)ウ　(2)ア　(3)イ　(4)エ

❸ 例ビジネスの場面で，仕事を円滑に進めるために最も大切なのは職場での人間関係である。この人間関係を良好に保つために必要とされるのがコミュニケーションであり，コミュニケーションは人と人とが，情報・意味・感情をたがいに共有することで成立する。

■解答のポイント
□指定された用語「職場」，「人間関係」，「共有」という語を用いているか。
□コミュニケーションの役割(必要性)が書かれているか。

5章 コミュニケーションの役割と思考方法
2節 ビジネスコミュニケーションの基本

●要点整理　　　　　　　　　　　　　p.50
①社内　②社外　③企画提案　④取引先
⑤商品知識　⑥配付資料　⑦事前準備　⑧簡潔
⑨メモ　⑩ロジカルシンキング
⑪クリティカルシンキング　⑫結論　⑬疑問
⑭説得　⑮納得

❶ (1)○　(2)○　(3)ロジカルシンキング(論理的思考)
　(4)クリティカルシンキング(批判的思考)
　(5)水平的

❷ ①イ　②エ　③ア　④ウ

❸ 例ビジネスにおけるコミュニケーションの場面でも，日常生活と同様，あかるく積極的に相手と接するよう心がける。また，相手の考えを迅速に理解したうえで思考し，思考の結果を踏まえて，自分の考えを上手に伝える工夫を行うとよい。声の強弱や抑揚，話す速度や間の取り方，表情，視線の動かし方などを工夫するだけでなく，相づちや姿勢などの聞き方を工夫することも心得として大切である。

■解答のポイント
□指定された用語「日常生活」と「自分の考え」，「聞き方」という語を用いているか。
□ビジネスにおけるコミュニケーションの心得について書かれているか。

5章 コミュニケーションの役割と思考方法
3節 ビジネスにおける思考方法

●要点整理　　　　　　　　　　　　p.52~53
①演繹法　②三段論法　③結果　④仮説　⑤帰納法
⑥傾向　⑦サンプル　⑧重なり　⑨MECE
⑩構造化　⑪枠組み　⑫ポジショニング・マップ
⑬差別化　⑭ポジション　⑮外部　⑯内部
⑰SWOT分析
⑱プラス　⑲マイナス(⑱・⑲順不同)
⑳強み　㉑弱み(⑳・㉑順不同)　㉒機会
㉓脅威(㉒・㉓順不同)　㉔PPM　㉕市場成長率
㉖市場シェア　㉗低　㉘高　㉙資金　㉚維持　㉛多
㉜低　㉝低　㉞少な　㉟持続的　㊱経営資源

❶ (1)○　(2)経験論　(3)○
　(4)フレームワーク　(5)SWOT分析

❷ ①イ　②エ　③ウ　④ア

❸ 例演繹法は，大原則や法則などを前提として個別的な結論を導く方法である。演繹法の特徴は，前提が正しければ必ず結果が正しくなることである。そのため，前提となる原則などに関する正確な知識が必要となる。
　これに対して，帰納法は，さまざまな事実や事例などの個別的なデータから仮説を立て，結論を導く方法である。帰納法の特徴は，観察・収集したデータから傾向を導くので，一定以上のサンプルや事例の量が必要となることである。しかし，すべてのサンプルや事例を扱うことはできないので，演繹法と異なり，導き出された推論の結果が必ずしも正しいとは限らない。

■解答のポイント
□指定された用語「前提」と「結論」，「データ」と「仮説」いう語を用いているか。
□演繹法と帰納法の違いが書かれているか。

● 要点整理　　　　　　　　　　　　　　p.55

①ディベーター　②審判団　③論拠　④論点
⑤哲学　⑥定義　⑦現状　⑧プラン　⑨メリット
⑩欠陥　⑪第二反駁　⑫減点　⑬立証責任
⑭反証責任(⑬・⑭は順不同)　⑮公平

▶ Step問題　　　　　　　　　　　　　　p.56

1 (1)ディベーター　(2)中央　(3)立論
　　(4)反駁　(5)○

2 ①エ　②イ　③ウ　④ア

3 例ディスカッションは，発言の機会が平等では
　　なく，勝敗はつかない点がディベートと異
　　なっている。プレゼンテーションは相手を説
　　得し，行動してもらうことを目的としており，
　　説明することを重視している点がディベート
　　と異なっている。交渉は勝負をつけることを
　　目的としているのではなく，合意の形成を目
　　的としているところがディベートとは異なっ
　　ている。

■ 解答のポイント

□「ディスカッション」は「勝敗」，「プレゼ
　ンテーション」は「説明」，「交渉」は「合意」
　いう指定された語を用いているか。
□ディベートと「ディスカッション」「プレゼ
　ンテーション」「交渉」それぞれとの違いが
　書かれているか。

◆ 探究問題　　　　　　　　　　　　　　p.57

[解答例]

1 職場での人間関係を良好に保つためには，具体的にどのような手立てが考えられるか
を話し合い，書き出してみよう。

例見返りを求めず，献身の意識を持ち，自ら周囲に貢献す
　ることで，関係を良好に保つことができる。
例自分の評価は他人がするものと思うことで，周りに振り
　回されることがなくなる。

2 アサーションの歴史やその意味について調べ，アサーションの効果やメリットについ
て書き出してみよう。

例【アサーションの歴史】
　アサーションの考え方は，1950年代に「行動療法」と
いう心理療法の中で提唱された。その後，1960〜70年
に，アメリカにおいて黒人や女性の権利を主張する人権
運動が活発になる中，抑圧されてきた人々が適切に自己
主張し，声をあげる方法としてさらに発展を遂げたもの
である。そのため，自己主張の苦手な人や立場の弱い人
が，相手と対等な立場を獲得するためのスキルが多様に

含まれており，現在では日常生活でも活用されるように
なっている。
例【アサーションの意味】
　アサーションには，「自己主張」という意味があるが，
これは単に自分の意見を口にすることだけを目的とした
ものではない。すべての人には平等に自分の意見や要望
を意志表示する権利があるという考えのもとに，適切な
自己主張をするというのがアサーションの考え方であ
る。
例【アサーションの効果・メリット】
　職場では，上司や部下，顧客や得意先など，様々な立場
の人と円滑な関係を築けるスキルが要求される。アサー
ションの考え方を身に付けると，価値観や立場の違う
様々な関係者と，対等な意見交換ができるようになる。

3 SWOT分析を活用して，自分や学校，住んでいる地域を取り巻く状況を調べて分析
してみよう。

例【○○商業高校】
○内部環境　・強み　　　　　・弱み
　　　　　　就職率が高い　　進学率が低い
○外部環境　・機会　　　　　・脅威
　　　　　　求人が増えている　普通科の参入

4 日本のみならず，世界各国におけるディベートの具体的な事例を調べて書き出してみ
よう。

例【日本】
　毎年夏に行われる全国の中学校・高校の競技ディベート
日本一を決める全国中学・高校ディベート選手権(ディ
ベート甲子園)が行われている。
【(過去の論題)高校の部】
第24回(2019年)…「日本はフェイクニュースを規制
すべきである。是か非か」
例【世界】
文部科学省・外務省後援　PDA高校生パーラメンタリー
ディベート　世界交流大会が行われている。日本国内か
らの参加は，全国大会で選抜された高校が対象となり，
一般募集はしていない。
　パーラメンタリーディベートとは，一つの論題に対し，
肯定と否定チームに分かれ，各々のチームが第三者を説
得させるパブリックスピーチ型のディベート。論題は，
社会，政治，倫理，環境，国際問題など多岐にわたる。

■ 解答のポイント

❶□具体的に手立てを書き出すことができた
　か。
❷□アサーションの歴史や意味，効果やメリッ
　トについて調べて書き出せているか。
❸□SWOT分析を活用した分析ができている
　か。
❹□ディベートの具体的な事例を調べている
　か。

(1)人間関係　(2)コミュニケーション

(3)直接的コミュニケーション

(4)間接的コミュニケーション

(5)バーバルコミュニケーション

(6)ノンバーバルコミュニケーション

(7)フォーマルコミュニケーション

(8)インフォーマルコミュニケーション

(9)アサーション　(10)ロジカルシンキング

(11)クリティカルシンキング

(12)ラテラルシンキング

(13)演繹法　(14)三段論法　(15)帰納法　(16)MECE

(17)構造化

(1)ポジション　(2)ポジショニング・マップ

(3)SWOT分析　(4)内部環境(強み・弱み)

(5)外部環境(機会・脅威)

(6)PPM(プロダクト・ポートフォリオ・マネジメント)

(7)問題児　(8)花形　(9)金のなる木

(10)負け犬　(11)ディベート　(12)論題

(13)ディベーター　(14)審判団(ジャッジ)　(15)立論

(16)尋問　(17)反駁　(18)立証責任　(19)反証責任

● 要点整理　　　　　　　　　　　　　　p.60

①ディスカッション　②会議　③目的　④進行役

⑤批判　⑥結論　⑦雰囲気

▶Step問題　　　　　　　　　　　　　p.60~61

1　(1)×　(2)×　(3)○　(4)○　(5)○

【解説】(1)ビジネスの場面では、「全員が発言する」、「終了時間を決める」などのルールを決めておくとよい。(2)時間管理は大切だが,発言を抑制してはいけない。

2　(1)**ウ**　(2)**イ**

【解説】(1)議論では目的に対して適切な意見やアイディアを出すことが大切であるため,自分の意見を通すことだけに執着してはいけない。(2)意見に対する批判と人格に対する非難とは別だと考える。

3　①他人のアイディアを批判しない。②自由奔放なアイディアを尊重する。③アイディアは質より量。④他人のアイディアに便乗し発展させる。(①~④は順不同)

● 要点整理　　　　　　　　　　　　　　p.62

①プレゼンテーション　②提案　③発表会

④キーパーソン　⑤プレゼンテーションツール

⑥事前準備　⑦アイコンタクト　⑧熱意

⑨質疑応答

▶Step問題　　　　　　　　　　　　　　p.63

1　(1)○　(2)×　(3)×　(4)○　(5)×

【解説】(2)プレゼンテーションツールはパソコンを使ったものに限らない。(3)できるだけゆっくり話した方がよい。(5)冷静に落ち着いて話すことは大切だが,淡々と話すと熱意が伝わらない。

2　(1)**ウ**　(2)**ア**

【解説】**ア**．理解したうえで,相手に採用や購入といった行動を起こしてもらわなければならない。**イ**．プレゼンテーションツールだけに頼りすぎず,どうしたら聞き手を引きつけられるかを考える。**エ**．質疑応答で聞き手の疑問点をなくすようにする。(2)**イ**．会場の大きさによって,使用するプレゼンテーションツールや資料は変える。**ウ**．自分の知識内で答えられることは答えるが,わからないことについてはごまかさずに正直に謝罪し,後日確認してできるだけ早く伝えるようにする。**エ**．決められた時間を守る。

● 要点整理　　　　　　　　　　　　　　p.64

①交渉　②合意　③尊重　④利益　⑤信頼関係

⑥雑談　⑦ニーズ　⑧切り出し話法

⑨切り返し話法　⑩示唆指向法　⑪二者択一法

▶Step問題　　　　　　　　　　　　　　p.65

1　(1)×　(2)○　(3)○　(4)×　(5)○

【解説】(1)交渉の場では強い立場でも対等に相手を尊重するようにする。(4)相手のニーズに合っていなければ交渉に同意することはない。

2　(1)二者択一法　　(2)示唆指向法
　　　(3)切り出し話法　(4)切り返し話法

3　**イ**

【解説】弱い立場だからと言って卑屈になる必要はなく,できないことは誠意をもって相手に伝える。

● 要点整理　　　　　　　　　　　　p.66

①人的　②誠意　③メモ　④チーム　⑤感謝
⑥共有

▶Step問題　　　　　　　　　　　　p.66〜67

① (1)**エ**　(2)**イ**

【解説】(1)**ア**．相手を責めるような言葉を返しては相手の怒りが増すだけなので，まずは話を最後まで聞くようにする。**イ**．苦情の内容を正確に聞きとるために，メモをとることの了承を取ってからメモをとる。**ウ**．自分で手に負え内容の場合は，早い段階で上司を呼ぶなどの対応をとる。(2)**ア**．苦情を言ってくる人には真摯な態度で対応する。**ウ**．嫌がらせや恐喝には毅然とした態度で対応する。**エ**．対処した苦情の内容は社内で共有し，今後の商品やサービスに活かす。

② (1)**例**まずは謝罪をしなくてはいけない。社内に残っている伝票があるはずなので，その確認も行う。

(2)**例**商品名を聞いたらすぐに担当者に変わるようにする。客に何度も説明をさせないようにする。

(3)**例**返品の対象ではない商品については説明し，安易に返品の対応をしない。

■解答のポイント
☐上に例としてあげたような内容が書かれているか。

● 要点整理　　　　　　　　　　　　p.68

①相手　②セールスポイント　③POP
④Webページ　⑤第一印象　⑥レビュー　⑦実物
⑧詳細　⑨ワークショップ　⑩DIY
⑪アフターサービス　⑫宣伝　⑬新規顧客

▶Step問題　　　　　　　　　　　　p.69

① (1)×　(2)○　(3)×　(4)○　(5)×

【解説】(1)相手に合わせて内容を変える。(3)写真を多用したり，読みやすい文章を心掛けたりして見やすさ，読みやすさを重視する。(5)ワークショップは，購入者のアフターサービスとしての役割を果たしたり，消費者の生の声を聞く場としても利用できる。

② **ウ**

【解説】わかっている欠点についてはふせずに明記した方がよい。

③ **例**商品の良さを消費者に実感してもらえるため，購入につなげやすい。また，購入者のアフターサービスになる。さらに，参加者から商品や店に対する意見を聞くことができる。

■解答のポイント
☐ワークショップの良さやそれによる店側のメリットが書かれているか。

● 要点整理　　　　　　　　　　　p.70～71

①ソーシャルメディア　②拡散　③低コスト

④コミュニケーション　⑤認知度　⑥販売促進

⑦商品開発　⑧顧客　⑨公式アカウント

⑩信頼　⑪ガイドライン　⑫個人情報　⑬著作権

⑭チェック体制　⑮対応指針

▶ Step問題　　　　　　　　　　　　p.71

❶　(1)○　(2)×　(3)○　(4)○　(5)×

【解説】(2)消費者とのコミュニケーションの場としても重視している。(5)記事の内容が間違っていたり，内容が不適切な場合は企業に大きな損害を与えることがあるため，正確性は重要である。

❷　(1)ソーシャルメディア　(2)SNS
　　(3)公式アカウント　(4)ガイドライン
　　(5)著作権

❸　例企業や商品の認知度を上げる，販売促進を行える，消費者の声を吸い上げて商品開発に活かせる，顧客のサポートができるなどの効果がある。一方で，間違った情報や不快感を与える情報を投稿することで，信用を失ってしまうなどのリスクがある。

■ 解答のポイント

□企業がソーシャルメディアで発信を行う場合の効果とリスクの両方が書かれているか。

◆ 探究問題　　　　　　　　　　　　　　p.72

❶　次のソーシャルメディアの特徴をまとめてみよう。

ソーシャルメディア	特徴
Twitter	例10～20代の若年層の利用が多い。即時性(リアルタイム)が高い。拡散力が高い。
LINE	例どの年代でも利用者が多い。開封率が高いため，クーポンの配信や個人に合わせた内容で広告を打てる。
Instagram	例10～20代の女性の利用が多い。ビジュアルに特化している。
Facebook	例40～50代のビジネスマンの利用が高い。実名登録のため実際のつながりがあることが多い。

❷　従来のマスメディア(テレビ・新聞・ラジオ・雑誌)を用いた情報発信と比べ，ソーシャルメディアの情報発信が優れている点は何か書いてみよう。

例低コストで情報発信ができる。即時性がある。消費者と双方向で受発信できる。

❸　自分が公式アカウントをフォローしている企業をあげ，なぜフォローしているのかその魅力をあげてみよう。

企業	例湖池屋
魅力	例湖池屋の商品が好きなので新商品情報が得られるところと，プレゼント企画などがあるので楽しみ。

❹　ソーシャルメディアを用いて商品開発をしたり，企業や商品のファンを作ったりしている企業を調べ，どのような取り組みをしているか書いてみよう。

企業	例良品計画
取り組み	例「IDEA PARK」で既存商品の不満やこんな商品「あったらいいな」を募集して，それを実際に改良，商品化している。

■ 解答のポイント

❶・❷□それぞれのソーシャルメディアの特徴や優れている点がまとめられているか。

❸・❹□各問いに対して，それぞれ企業名と魅力，企業名と取り組みが書かれているか。

■ 重要用語の確認　　　　　　　　　　　p.73

(1)ディスカッション　(2)ブレーンストーミング

(3)プレゼンテーション

(4)プレゼンテーションツール　(5)キーパーソン

(6)アイコンタクト　(7)交渉　(8)雑談　(9)ニーズ

(10)切り出し話法　(11)切り返し話法

(12)示唆指向法　(13)二者択一法　(14)POP広告

(15)ワークショップ　(16)DIY

(17)ソーシャルメディア　(18)SNS

(19)公式アカウント

● 要点整理　　　　　　　　　　　　　p.74〜75

①議題　②意思決定　③最高意思決定機関
④定時総会　⑤臨時総会　⑥1　⑦2
⑧代表取締役　⑨社長
⑩専務取締役(⑩・⑪は順不同)　⑪常務取締役
⑫重役会　⑬円卓会議　⑭パネラー　⑮質疑応答
⑯シンポジウム　⑰公共性　⑱公開討論会
⑲バズ・セッション　⑳ブレーンストーミング
㉑批判禁止　㉒自由奔放　㉓質より量　㉔結合便乗
㉕議長　㉖職位　㉗上座　㉘円卓　㉙ロの字
㉚コの字　㉛Vの字(㉚・㉛は順不同)　㉜教室
㉝公開討論　㉞2　㉟議事録

▶Step問題　　　　　　　　　　　　　p.76

❶ (1)○　(2)フォーラム　(3)○　(4)円卓型
　(5)議事録
❷ (1)エ　(2)ア　(3)イ　(4)ウ
❸ 例議長は，会議の全体像を把握し，公正・中立
　な立場で意見を集約し，会議が混乱しないよ
　うに調整する必要がある。また，会議は原則
　として2時間以内で終了することを意識して
　進行するとよい。

■解答のポイント
□指定された用語「公正・中立」，「調整」，「2
　時間」という語を用いているか。

● 要点整理　　　　　　　　　　　　　p.77〜78

①文書主義の原則　②私文書　③通信文書
④帳票(③・④は順不同)　⑤社外文書　⑥社内文書
⑦文書事務　⑧社交文書　⑨取引文書　⑩件名
⑪結論　⑫5W3H　⑬常用漢字　⑭固有名詞
⑮算用数字　⑯敬語　⑰短文主義　⑱箇条書き
⑲一件一葉主義　⑳文書番号　㉑発信日付
㉒受信者名　㉓発信者名　㉔件名　㉕頭語　㉖前文
㉗主文　㉘末文　㉙結語　㉚別記　㉛追って書き
㉜同封物指示　㉝担当者名　㉞儀礼的　㉟簡潔明瞭
㊱効率化　㊲案内状　㊳依頼状　㊴起案書　㊵承認

▶Step問題　　　　　　　　　　　　　p.79

❶ (1)帳票　(2)○　(3)○　(4)一件一葉主義
　(5)起案書
❷ (1)睦月　(2)如月　(3)弥生　(4)卯月　(5)皐月
　(6)水無月　(7)文月　(8)葉月　(9)長月
　⑽神無月　⑾霜月　⑿師走
❸ 例社内文書は社外文書とは異なり，儀礼的な配
　慮はほとんど必要なく，簡潔明瞭に書くもの
　であるため，様式化・略式化し，仕事の効率
　化を図るような工夫が大切である。
　例えば，定期的に行う仕事には，記入する形
　式が一定である帳票が多く使われている。

■解答のポイント
□指定された用語「儀礼的」，「帳票」という語
　を用いているか。
□社内文書の書き方の工夫と特徴が書かれてい
　るか。

● 要点整理　　　　　　　　　　　　　　p.80～81

①メッセージ　②ICT　③Cc　④Bcc　⑤丸数字

⑥特殊記号　⑦ウィルス対策ソフト　⑧往復はがき

⑨第一種郵便物　⑩定形郵便物　⑪定形外郵便物

⑫25　⑬50　⑭4　⑮速達　⑯赤線　⑰書留

⑱窓口　⑲書留郵便物受領証　⑳損害賠償

㉑配達証明　㉒内容証明　㉓10　㉔スタンプ

㉕50　㉖翌月末日　㉗返信用はがき

㉘アンケート

▶Step問題　　　　　　　　　　　　　　p.81～82

1 (1)○　(2)Cc　(3)料額印面　(4)○
　　(5)内容証明

2 ①エ　②ア　③ウ　④イ

3 例定形郵便物は，重さは50gまでで，大きさは，
　　最小「横9cm×縦14cm」，最大「横12cm×
　　縦23.5cm×厚さ1cm」の郵便物である。定
　　形外郵便物は，定形郵便物以外の大きさの郵
　　便物で，重さは4kgまでで大きさにも制限が
　　ある。定形郵便物の郵便料金は25gまでなら
　　84円，25gを超えて50gまでは94円である。
　　定形外郵便物の郵便料金は，50gまでは120
　　円で，その先は重さにより異なる。

■ 解答のポイント

□大きさや重さの違いだけではなく，料金の違
　いについても書けたか。

◆ 探究問題　　　　　　　　　　　　　　p.83

【解答例】

1 企業における取締役の名称の付け方について，いろいろな企業を調べて，その違いを
書き出してみよう。

例【トヨタ自動車】
　○取締役・監査役
　　代表取締役会長・代表取締役副会長・
　　代表取締役社長・代表取締役・取締役・
　　常勤監査役・監査役
　○執行役員
　　社長・執行役員・Executive Fellow
　【TBSテレビ】
　取締役会長・代表取締役社長・取締役副社長・
　専務取締役・常務取締役・取締役・社外取締役・
　監査役・執行役員

2 オンラインでの会議を実施する場合，用意すべきものや注意すべき点を調べ，書き出
してみよう。

例場所(自宅，会議室，共用スペース)やツール(パソコン，
　スマートフォン，タブレット，Webカメラ)，ヘッドセッ
　トや会議のできるネット環境(Wi-Fiなど)が必要。注意す
　べき点としては，カメラの角度や距離，身だしなみ，ラフ
　すぎない服装，背景の映り込み，カメラをしっかり見る，
　照明は明るく，静かな環境，できるだけゆっくりとはっき
　り話す，相づちは声を出さずにうなずく，自分が発言する
　とき以外はミュートにすることなどがある。

3 さまざまなはがきの種類について調べ，料金や利用目的，形状，特典などを書き出し
てみよう。

例通常はがき…63円，通常の手紙。
　往復はがき…126円，切り離して，返信を目的としてい
　る。
　くじ引番号付き郵便はがき(年賀はがき・かもめ～る)
　…63円，抽選で賞品が当たる。
　エコーはがき(広告入りはがき)…58円，はがきの一部
　を広告媒体として法人に提供し，その広告料で1枚当た
　り5円安い価格で販売。
　郵便書簡(ミニレター)…63円，通常はがきの3倍のス
　ペースを持った封筒兼用の便せん。25gを超えない範囲
　で，写真やメモなどの薄いものを同封できる。

4 郵便物のサービスについて，オプションサービスや大量に発信する際のサービスに教
科書の例以外にどんなものがあるかを調べて書き出してみよう。

例オプションサービスには，配達日指定，配達時間指定郵
　便，代金引換，セキュリティサービス，新特急郵便，引
　受時刻証明，特定記録，交付記録郵便，着払，本人限定
　受取，返信依頼郵便などがある。大量発信サービスには，
　手紙(第一種郵便物)がある。これは，最低1,000通以上
　同時に発送することにより，場合によって料金が割引に
　なる。
　そのほか，はがき(第二種郵便物)も最低1,000通以上同
　時に発送することにより，場合によって料金が割引にな
　る。

■ 解答のポイント

❶□複数の企業の取締役を具体的に書き出すこ
　とができたか。

❷□オンライン会議で用意するもの，注意すべ
　き点を具体的に調べて書くことができてい
　るか。

❸□各種のはがきについて，料金や特典などを
　書き出しているか。

❹□郵便物のオプションサービスや大量発信
　サービスについての具体的な例を調べてい
　るか。

9章 ビジネスの会話
1節 国内での接客

9章 ビジネスの会話
2節 入国

9章 ビジネスの会話
3節 商談と会議

9章 ビジネスの会話
4節 帰国

▶Step 問題

1 次の各文の下線部が正しい場合は○を，誤っている場合は正しい語句を書きなさい。

⑴ 人が商品を購入したときに感じる満足感のことを<u>顧客満足度</u>という。

⑵ 顧客が商品やサービス，ブランドや会社に対して感じる信頼や愛着のことを<u>人的ネットワーク</u>という。

⑶ 会社や商品のファンになってもらうための施策のことで，データベースの過去の購入履歴などを参考に顧客一人ひとりが求めるものを提供することなどを<u>CRS</u>という。

⑷ 共同で使用するオフィスのことを<u>シェアオフィス</u>といい，自前のオフィスよりも費用が抑えられ，共用スペースでの人との出会いが新たな発想を生むなどの利点がある。

⑸ 企業に所属せず，個人で仕事を請け負っている人のことを<u>契約社員</u>という。

(1)		(2)		(3)	
(4)		(5)			

2 次の各事例の中から，CRMにあたらないものを一つ選び，記号で答えなさい。

ア セールのダイレクトメールを出す際に，顧客の名前を手書きで書き入れて前回購入してもらったお礼を一言添える。

イ ネットショッピングで過去の購入履歴から「あなたにお勧めの商品」として広告を提示する。

ウ ポイントカード情報から，ポイントに応じて割引クーポンを発行する。

エ 来店客に対し，お茶の無料サービスを行う。

3 普段の生活の中で，人的ネットワークを広げるために意識して行っていることを書きなさい。✐ 💡

1 直属の上司以外から仕事を頼まれたが，期限が迫っている仕事があり，頼まれた仕事をこなす時間がない場合，どのように対処したらよいか考えてみよう。

2 スケジュール管理を行うメリットをあげてみよう。

3 ダイバーシティ経営とは何か説明してみよう。

4 ダイバーシティ経営を実施している企業の取り組み事例について調べてみよう。

企業名

取り組み事例

次の(1)〜(21)にあてはまる用語を書きなさい。

1回目 □
2回目 □ (1)　企業の組織で働くそれぞれの人に割りあてられた仕事。（　　　　　　　）

□ (2)　(1)を分担する組織上の地位。
　　　　　　　　　　　（　　　　　　　）

□ (3)　企業経営の基本的な方針を決定し，経営責任を持つ層。（　　　　　　　）

□ (4)　基本的な方針を具体化する行動計画を立て，従業員の仕事の進め方を把握し，評価する層。（　　　　　　　）

□ (5)　仕入，製造，販売などの職能や機能などで編成される組織。
　　　　　　　　　　　（　　　　　　　）

□ (6)　製品ごと，事業ごと，地域ごとなどに部門化して，それぞれの部門の事業を行う組織。（　　　　　　　）

□ (7)　部下が常に一人の上司から指示・命令を受けるようにする原則。
　　　　　　　　　　　（　　　　　　　）

□ (8)　職務を遂行する場合の権限の範囲はその職務に見合ったものにし，組織で働く人々はその権限に見合った責任をとらなければならないという原則。
　　　　　　　　　　　（　　　　　　　）

□ (9)　一人の上司が有効に管理・統制できる適正な人数の部下を持つようにする原則。（　　　　　　　）

□ (10)　情報を収集・分析し，さまざまな案の中から最適な案を選択する行為。
　　　　　　　　　　　（　　　　　　　）

□ (11)　株式会社の最高の意思決定機関。
　　　　　　　　　　　（　　　　　　　）

□ (12)　企業の根幹にかかわるような複雑な課題や非日常的な課題に対して行う意思決定。
　　　　　　　　　　　（　　　　　　　）

□ (13)　発案者が作成した文書を関係者に回覧して，それぞれの承認を求める手続き。　　　　（　　　　　　　）

□ (14)　計画・実行・評価・改善の四つのプロセスを順に実施する手法。
　　　　　　　　　　　（　　　　　　　）

□ (15)　社会生活を送るうえで守るべき考え方，良心。　　（　　　　　　　）

□ (16)　企業で働くうえでのルールや労働条件を定めた規則のこと。
　　　　　　　　　　　（　　　　　　　）

□ (17)　自身の体調や時間を適切に管理すること。　　　　（　　　　　　　）

□ (18)　特定の個人を識別できる情報のこと。　　　　　　（　　　　　　　）

□ (19)　人と人との繋がりのこと。人脈。
　　　　　　　　　　　（　　　　　　　）

□ (20)　顧客が商品やサービス，ブランドや会社に対して感じる信頼や愛着のこと。　（　　　　　　　）

□ (21)　(20)を高め，会社や商品のファンになってもらうために顧客情報などを活用する施策のこと。（　　　　　　　）

▲アプリはこちらから

アプリでほかの問題にもチャレンジしてみよう！

11

1節 挨拶

教科書 p.22〜23

要点整理

正答数　　／26問

教科書の内容についてまとめた次の文章の（　　　）にあてはまる語句を書きなさい。

1 場面に応じた挨拶

Check!

教科書 p.22

コミュニケーションは（①　　　　　　　）から始まる。言葉だけでなく，笑顔や（②　　　　　　），（③　　　　　　）なども（①）である。

廊下ですれ違う場合は，端に寄り，（④　　　　　　　　）会釈をして「おはようございます」などと（①）をする。ただし，相手が話しながら歩いてきた場合は，話を中断させないように，黙って会釈（（⑤　　　　　　））をする。

階段で出会った場合は，相手が自分より下の段からくる場合は端に寄って待ち，（⑥　　　　　　）まで来たところで（①）をする。また，階段では（⑦　　　　　　）や手すり側を相手のためにあけ，道を譲り（①）をする。

エレベーターでは，会釈をしてエレベーターに乗る。来客が乗ってくる場合は，（⑧　　　　　　）に寄って待ち，会釈をして奥に招く。操作盤の前にいる場合は「何階でしょうか」と声をかける。

腰かけている場合にお客が来たら，椅子から（⑨　　　　　　　　），下座側に少し寄ってから（①）をする。着席したまま挨拶をする場合は，背筋を伸ばす。

握手をする場合は，微笑んで名乗り，相手の目を見ながら（⑩　　　　　　）を差し出し，3秒ほど握手をする。このときお辞儀は（⑪　　　　　　　）。

2 お辞儀

Check!

教科書 p.23

お辞儀をする際は，まず（⑫　　　　　　）を伸ばした正しい姿勢で立ち，相手の（⑬　　　　　　）を見て，挨拶の言葉の終わりかけから，腰を折り始める。上体を傾けたところで一度（⑭　　　　　　）を止め，上体を（⑮　　　　　　　　）上げて，視線を相手の（⑬）に戻す。

お辞儀には3つの種類があり，TPOによって使い分ける。このときのTは（⑯　　　　　　），Pは（⑰　　　　　　），Oは（⑱　　　　　　）のことである。

（⑲　　　　　　）は，同僚や親しい間柄の人に対するお辞儀であり，廊下ですれ違うときや，エレベーターのなかなどで用いる。「失礼いたします」などの挨拶とともに，上体を（⑳　　　　　　）傾け，視線は約（㉑　　　　　　　）先に向ける。また，歩きながらではなく，立ち止まってすると，より丁寧な印象を与えることができる。

普通礼（敬礼）は，来客を迎えるときなど，受付や一般的な場面でのお辞儀である。「いらっしゃいませ」「おはようございます」などの挨拶とともに，上体を⑳（　　　　　　　）傾け，視線は約㉓（　　　　　　　）先に向ける。

㉔（　　　　　　　）は，深い感謝やお詫び，見送りなどに用いる非常に丁寧なお辞儀である。「ありがとうございました」「申し訳ございません」などの挨拶とともに，上体を㉕（　　　　　　　）傾け，視線は約㉖（　　　　　　　）先に向ける。

▶Step問題

正答数　　／8問

1 次の各文の内容が正しい場合は○を，誤っている場合は×を書きなさい。

(1) 社内では来客には会釈をするが，同僚など知った人には会釈をする必要はない。

(2) 同僚が来客と話しながら歩いている場合は，必ず声をかけて挨拶する。

(3) 階段ですれ違う場合は，端に寄って待ち，相手が同じ段まで来たところで挨拶する。

(4) 握手をする場合は右手を差し出し，お辞儀をしながら手を握るとより丁寧である。

(5) エレベーターでは，途中で乗ってくる人が操作しやすいように，操作盤の前はあけておく。

(1)		(2)		(3)		(4)		(5)	

2 次のイラストは「お辞儀の使い分け」をあらわしたものである。①〜③にあてはまる語句を，下のア〜ウの中から一つずつ選び，記号で答えなさい。

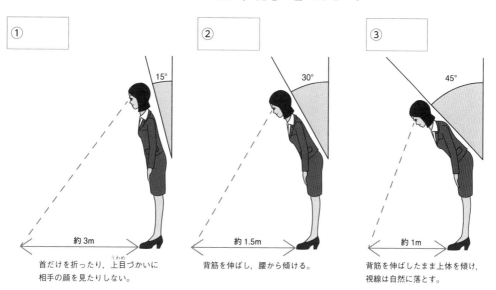

①（　　　　　）　　②（　　　　　）　　③（　　　　　）

15°　約3m　首だけを折ったり，上目づかいに相手の顔を見たりしない。

30°　約1.5m　背筋を伸ばし，腰から傾ける。

45°　約1m　背筋を伸ばしたまま上体を傾け，視線は自然に落とす。

ア　最敬礼　　イ　会釈　　ウ　普通例（敬礼）

2節 身だしなみ・表情・身のこなし 教科書 p.24〜27

● 要点整理
正答数 ／30問

教科書の内容についてまとめた次の文章の（　　　）にあてはまる語句を書きなさい。

1 身だしなみ
教科書 p.24

Check!

初対面の（①　　　　　　　）は，外見や立ち居振る舞いで，そのほとんどが決まるといわれる。そのため，（②　　　　　　　）を持たれる身だしなみや表情，身のこなしを心がける。身だしなみのポイントは，次の3つである。

【1】（③　　　　　　　）…口臭がしないか，爪が長すぎないか，衣服が汚れていないかなど，体と衣服いずれに関することでも，相手に（④　　　　　　　）な印象を与えないようにする。

【2】（⑤　　　　　　　）…職場は働く場所であるので，動きやすく，仕事をしやすい（⑤）のある服装を選ぶ。

【3】周りとの（⑥　　　　　　　）…自分の好みだけを基準にした服装は避ける。自分の地位や年齢，職場の（⑦　　　　　　　）と（⑥）がとれた身だしなみを心がける。

2 表情と目線
教科書 p.25

Check!

表情は，相手に（⑧　　　　　　　）を与える重要な要素である。特に，（⑨　　　　　　　）は相手に（⑩　　　　　　　）や親近感を与える効果がある。

（⑪　　　　　　　）は，すぐにでも（⑨）で応対できる表情のことである。眉間を開き，唇を軽く閉じたまま（⑫　　　　　　　）（唇の両端部分）を上げる。また，よい（⑨）（微笑）は，目に優しさがあり，（⑫）が上がり，歯が少し見えるくらいがよい。

会話をするときの目線の位置は，相手の（⑬　　　　　　　）から（⑭　　　　　　　）の範囲に保つ。

3 身のこなし
教科書 p.25〜27

Check!

美しい姿勢やスマートな動作は，周囲の雰囲気を良くする。何かをしながらほかの動作を行うのではなく，一つひとつの動作に（⑮　　　　　　　）をつけて行うと相手に好印象を与えることができる。

【1】手先の使い方…立ち姿やお辞儀のときの手は，（⑯　　　　　　　）をそろえて伸ばす。手のひらで何かをさし示すときは，（⑯）をそろえて示すときれいに見える。さらに，物を受け渡しするときは，（⑰　　　　　　　）で丁寧に行う。ドアの開閉や電話の受話器を持つときなどは，片手ではなく，あいている（⑱　　　　　　　）を少し添えるとよい。

【2】歩き方…（⑲　　　　　　　）を伸ばして，姿勢よく前方を見て歩く。また，足首に力を入れ，（⑳　　　　　）をまげない。

【3】足の運び方…椅子にかけるときや椅子から立つときは，（㉑　　　　　　　　　）で足を運ぶと美しく見える。椅子にかけるときは椅子の（㉒　　　　　　）に立ち，（㉑）で着席し，座るときは（⑲）を伸ばす。椅子から立つときは（㉑）で椅子の（㉓　　　　　　）に立つ。

【4】足の流し方…低い椅子やソファーなどに座るとき，女性は足をななめに流すとよい。

【5】品物の渡し方…品物を渡すときは，品物を（㉔　　　　　）の高さに持ち，（㉕　　　　　　）で右上端を持ち，（㉖　　　　　　）の手のひらを左下端の下に置く。そして（㉕）で品物を（㉗　　　　　　）回転させ，相手から見て（㉘　　　　　　）になるように向きを変え（⑰）で差し出す。

【6】花束の持ち方・渡し方…花束は中央を（㉙　　　　　　）で，束ねてある根元を（㉚　　　　　　）にし，花のほうを高くして持つ。したがって，渡すときは，相手が抱えやすいように，中央を（㉚）で，根元を（㉙）に持ちかえて相手に渡すとよい。

▶Step 問題

正答数　　／11問

1 下のイラストは，「相手に好印象を与える表情」をあらわしたものである。それぞれの表情を何というか答えなさい。

(1) 口角が上がり，歯が少し見える笑顔。

(2) 眉間を開く。
唇を軽く閉じたまま口角を上げる。

(1)		(2)	

2 目線の位置について，相手と対面するとき，どのあたりに目線の範囲を保つか右の図中に○で示しなさい。

3 次のイラストは「スリーステップで，椅子にかけるときと，椅子から立つときの足を運ぶ順番」を示したものである。それぞれどの順で足を運ぶか____に①②③の番号を入れて示しなさい。

(1) 椅子にかけるとき

(2) 椅子から立つとき

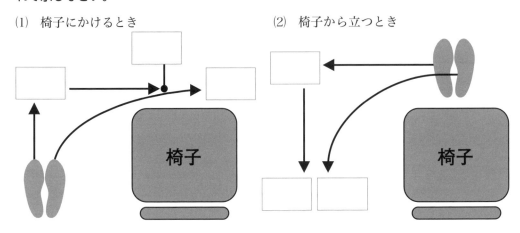

4 次の各文の下線部が正しい場合は○を，誤っている場合は正しい語句を書きなさい。

(1) 品物は胸の高さで持ち，必ず<u>片手</u>で受け渡しする。

(2) 品物を渡すときは，相手から見て<u>正面</u>になるように向きを変えて差し出す。

(3) 会話をするとき，特に伝えたい話題では，目線を<u>合わせて</u>話す。

(4) 足をななめに流して座る場合，手は流した側と<u>同じ</u>ももの上に置くとよい。

(5) 手のひらで何かをさし示すときは，指先を<u>そろえて</u>示すときれいに見える。

(1)		(2)		(3)	
(4)		(5)			

5 次のイラストは，「花束の持ち方」，「花束の渡し方」をあらわしたものである。「花束の持ち方」をあらわしているイラストを選び，記号で答えなさい。

ア

イ

花束中央を右手で，
束ねてある根元を左手
で持つ。

花束は中央を左手で，
束ねてある根元を右手
で持つ。

3節 言葉遣い

● 要点整理

正答数　　／23問

教科書の内容についてまとめた次の文章の（　　　）にあてはまる語句を書きなさい。

1 敬語の使い方

教科書 p.28〜29

Check!

敬語を使うことで，相手への敬意と自分の誠実さを伝えることができる。「相手を（①　　　　　）め，自分を（②　　　　　）め，丁寧に」が基本である。

敬語には，尊敬語，謙譲語，丁寧語がある。

尊敬語は，相手の動作などに対して使い，相手を（①）めることで敬意を表す。基本形は「お＋○○になる」で，「持つ」→「（③　　　　　　　）」のように使う。また，「言う」→「（④　　　　　　　）」のように，言葉自体を変えて使うもの（交換形式）もある。

謙譲語は，（⑤　　　　　）や身内の動作などに対して使い，（⑤）が（⑥　　　　　　　）ことで相手を高め敬意を表す。基本形は「お＋○○する」で，「持つ」→「（⑦　　　　　　　）」のように使う。また，「言う」を「（⑧　　　　　　　）」とするような交換形式もある。

丁寧語は，語尾に「（⑨　　　　　　　）」「（⑩　　　　　　　）」をつけ，相手に敬意を表して，丁寧に言うときに使う。また，食べ物や物事に「お」や「ご」をつけ，会話や文章の品格を高めて丁寧な印象にする（⑪　　　　　　　）もある。

敬語を用いる際の留意点には次のようなものがある。

動作をする主語が「相手」なら（⑫　　　　　　　），「自分」なら（⑬　　　　　　　）を使う。（⑬）に「れる」「られる」をつけても，（⑫）にはならないので注意する。また，一つの語について，同じ種類の敬語を二重に使った過剰な敬語表現のことを（⑭　　　　　　　）という。敬意は高まらず，かえって失礼な印象となるので注意する。

2 コミュニケーションの言葉

教科書 p.30〜31

Check!

相手に不快な思いをさせないよう，前置きに使い，相手に柔らかな印象を与える言い回しを（⑮　　　　　　　）という。

また，同じ内容でも言い回しを変えることで，相手に与える印象が柔らかくなる。ビジネスシーンでの丁寧な言い回しには，次のようなものがある。

【1】物事を依頼するとき…「○○してください」のような軽い命令形ではなく，「（⑮）＋（⑯　　　　　　　）」で「お手数ですが，○○していただけますでしょうか」のように表現するとよい。

【2】断るとき…相手との信頼関係を損なわずに，こちらの事情を理解し，受け入れてもらうには，(⑰ 　　　　　　)を述べたり，(⑱ 　　　　　　)を示し，相手の(⑲ 　　　　　　)をたずねたりすると受け入れてもらえやすい。

【3】お詫びをするとき…きちんとお詫びして(⑳ 　　　　　　)を伝え，相手を(㉑ 　　　　　　)する姿勢を示すことが大切である。

　相手に真意が伝わる表現を心がけることも大切である。例えば「結構です」という表現は，肯定的な「(㉒ 　　　　　　)」という意味と，否定的な「(㉓ 　　　　　　)」という両方の意味で使われる。相手に真意が伝わる表現を心がける。

▶Step 問題

正答数　　　／30問

1 次の(1)～(10)の言葉が尊敬語の場合はＡ，謙譲語の場合はＢを書きなさい。

(1) いたす 　　(　　　　)　　(2) おっしゃる 　(　　　　)

(3) 拝見する 　(　　　　)　　(4) お目にかかる (　　　　)

(5) いらっしゃる (　　　　)　　(6) なさる 　　　(　　　　)

(7) 参る 　　　(　　　　)　　(8) 召し上がる 　(　　　　)

(9) ご覧になる 　(　　　　)　　(10) 伺う 　　　　(　　　　)

2 次の言葉を丁寧な言い方に訂正して(　　　)の中に書きなさい。

(1) す　る　　お客様が(　　　　　　　　)ことはございません。私が(　　　　　　　　　　)。

(2) 言　う　　どのように(　　　　　　　　)よいか，どうぞ(　　　　　　　　　　)
　　　　　　　ください。

(3) 見　る　　今朝の新聞を私は(　　　　　　　　)が，先輩は(　　　　　　　　　　)
　　　　　　　ましたか。

(4) 行　く　　課長が(　　　　　　　　　)ときに，私も一緒に(　　　　　　　　)。

(5) 食べる　　あなたが(　　　　　　　　)ないのでしたら，私が(　　　　　　　　)。

18

3 次の各文の敬語表現の不適切な部分に下線を引き, 適切な表現に訂正して書きなさい。下線の部分を削除する場合は「なし」と書きなさい。

(1) 課長, 10時にお約束の藤谷様が参られました。

(2) こちらが資料です。どうぞ拝見されてください。

(3) お客様がおっしゃられたように, たいへんよい商品です。

(4) コーヒーにいたしますか。それともお茶がよろしいでしょうか。

(5) 【レジでの会計の場面で】1,000円からお預かりいたします。

(6) 恐れ入りますが, あちらの受付で伺っていただけますでしょうか。

(7) お客様, 商品のほうをお持ちしました。

(8) こちらをご覧になられてください。

(1)		(2)		(3)		(4)	
(5)		(6)		(7)		(8)	

4 次の(1)～(5)の場合にどのようなクッション言葉を使えばよいかを, 下のア～オの中から一つずつ選び, 記号で答えなさい。

(1) 〔たずねるとき〕 (　　　　　), こちらをお使いになりますか。

(2) 〔お願いするとき〕 (　　　　　), こちらでは携帯電話の電源をお切りください。

(3) 〔断るとき〕 (　　　　　), この日はほかの予定が入っております。

(4) 〔反論するとき〕 (　　　　　), こちらの案もぜひご検討ください。

(5) 〔お詫びをするとき〕 (　　　　　), 私ではわかりかねます。

ア ごもっともでございますが　**イ** せっかくですが　**ウ** よろしければ

エ 恐れ入りますが　**オ** 申し訳ございませんが

5 次のようなビジネスシーンにおいて, どのように言えばよいか書きなさい。

(1) お客様からの急な注文で店舗に在庫がないとき。

(2) 取引先から値引きを求められたが, 断るとき。

4節 名刺交換と紹介

教科書 p.32〜33

要点整理

正答数 ／19問

教科書の内容についてまとめた次の文章の（　　　）にあてはまる語句を書きなさい。

1 名刺交換

教科書 p.32〜33

Check!

名刺交換は（①　　　　　　）行い，（②　　　　　　）の位置で受け渡す。（③　　　　　　）の人が先に出し，訪問者と接客側では（④　　　　　　）が先に出す。紹介者がいる場合には，（⑤　　　　　　）順に出す。会社名・所属部署名・名前をはっきり（⑥　　　　　），相手に（⑦　　　　　）が読める向きで，（⑧　　　　　　）で差し出す。

名刺を受け取るときは，文字の上に指をのせないようにして，（⑧）で受け取る。受け取った名刺に目を通し，難しい字で読めないときは，その場で読み方を確認する。

名刺の同時交換を行うときは，（③）の人から名乗り，たがいに名乗ったら（⑨　　　　　　）で名刺を持ち，相手に（⑦）が読める向きで相手の（⑩　　　　　　　）の上に自分の名刺を置き，自分の（⑩）の上に相手の名刺を置いてもらう。そして，受け取った名刺を自分側に引き寄せながら，もう片方の手を添えて，最後は（⑧）で持つ。

名刺は，（⑩）に入れて持参する。汚れていたり，角が折れていたりする名刺は出さない。また，名刺をきらさないよう，常に（⑪　　　　　　）枚程度は入れておく。受け取った名刺は，必要なときにすぐに取り出せるよう分類し整理する。名刺には，面会した日付・場所・用件・相手の特徴などを書き込むとよい。ただし，面会の場で相手の前では記入しないこと。名刺を処分するときは，情報が悪用されることを防ぐため，細かく（⑫　　　　　　）から捨てる。

2 紹介のルール

教科書 p.33

Check!

「（⑬　　　　　　）から（⑭　　　　　　）へ」「（⑮　　　　　　）から（⑯　　　　　　）へ」が紹介のルールの基本である。

上司や先輩を社外の人に紹介するときは，「こちらは部長の○○です」や「総務課の○○です」と（⑰　　　　　　）にし，（⑱　　　　　　）はつけない。

社外の人を社内の人に紹介するときは，「銀座商事の○○さんです」と（⑱）をつける。肩書があれば「銀座商事の○○課長です」などとする。役職自体が敬称なので，役職に「さん」は付けない。

社外の人を社内の人などに紹介するときは，簡単に（⑲　　　　　　）を披露し，その際，

「いつも大変お世話になっております」などと感謝の一言をつけ加えるとよい。

▶Step問題

正答数 ／12問

1 次の各文の内容が正しい場合は○を，誤っている場合は×を書きなさい。

⑴ 名刺を受け取るときは，両手で受け取る。

⑵ 受け取った名刺で名前の読み方などがわからないときは，その場で聞くのは失礼なので，話を進めながら様子を見て聞くようにする。

⑶ 受け取った名刺は手のひらなどにのせ，会社名や名前が隠れないように持つ。

⑷ 面会した日付や用件などは，忘れないようその場で名刺に書き込む。

⑸ 名刺の同時交換では，相手が名乗り相手の名刺を受け取ってから，自分が名乗り自分の名刺を渡す。

⑴		⑵		⑶		⑷		⑸	

2 次の⑴〜⑷の場合，どちらからどちらに紹介するか矢印を入れて示しなさい。

⑴ 自分の家族 （ 　　　 ） 親友

⑵ 自分の家族 （ 　　　 ） 街で出会った担任の先生

⑶ 部活の先輩 （ 　　　 ） 同じ年の親友

⑷ 取引先の若い担当者 （ 　　　 ） 上司

3 あなたが間に入り，取引先の担当者（南国産業の黒木裕子　先月宮崎支店から転勤）と，自社の福田課長の二人を紹介することになりました。そのときの言葉を（　　　）の中に書きなさい。✐💡

まず，福田課長を黒木さんに紹介し，その後福田課長に対して，

（
⑴

）

と黒木さんの会社名と名前を紹介し，　次に，

（
⑵

）

と黒木さんの略歴を伝えたあと，

（
⑶

）

と黒木さんへの感謝の一言をつけ加えるとよい。

5節 訪問・来客の応対(1)

教科書 p.34〜37

要点整理

正答数 ／25問

教科書の内容についてまとめた次の文章の(　　　)にあてはまる語句を書きなさい。

1 アポイントのマナー

教科書 p.34

Check!

人に会うときは(① 　　　　　　　　　)(訪問予約)を取るのが常識である。(①)を取る際は,あらかじめ要点をメモして連絡を取る。まず,自分の会社名と身分,名前を名乗り,(② 　　　　　　　)を伝える。急用でない限り,訪問を希望する日の(③ 　　　　　　)前までには連絡をとり,相手の都合に合わせて(①)を取る。また,よほどの理由がない限り,こちらからはキャンセルしない。(①)が取れたら,日時や曜日・場所などを,メモを見ながら(④ 　　　　　)して確認する。確定した(①)は,手帳や(⑤ 　　　　　　　　　)に記録する。そして,訪問に向けての仕事の調整や準備に入る。

2 訪問

教科書 p.35

Check!

訪問に向けて資料の整理や情報収集などを行い,パソコンのデータや動作なども確認する。訪問当日は失礼のないよう(⑥ 　　　　　　　　　)にも気を配り,約束の時間の(⑦ 　　　　　)分前には訪問先に到着し,(⑧ 　　　　　　)分前には受付に向かう。訪問時刻に遅れそうな場合は,遅くとも(⑨ 　　　　　)分前には連絡し,お詫びとともにおおよその到着時刻を伝える。

訪問先に到着したら,コートなどは(⑩ 　　　　　　　)の前で脱ぎ,(⑪ 　　　　　　)側を表にし,手に持って入る。受付に着いたらまずきちんと挨拶をし,自社名・名前・訪問先担当者名・用件などをはっきりと伝え,取り次ぎを依頼する。

応接室に通されたら,勧められた席に座り,面会相手がドアをノックしたら立ち上がり相手の入室を待つ。かばんは(⑫ 　　　　　　)に置き,準備した資料は取り出しやすくしておく。手土産があれば,挨拶の(⑬ 　　　　　),本題に入る前に袋から出して手渡す。

3 受付での応対・案内のマナー

教科書 p.36〜37

Check!

受付に来客予定が知らされている場合はすぐに応接室に案内し,知らされていない場合は担当者からの指示を受ける。

来客を案内するときは,通路では来客に(⑭ 　　　　　　)を歩いてもらい,自分は来客の約(⑮ 　　　　　　　　　)を歩く。階段では来客に内側または(⑯ 　　　　　　　)を勧める。昇るときは来客を(⑰ 　　　　　)に進ませ,自分は2・3段(⑱ 　　　　　　　)を進む。降りるときは「お先に失礼します」と言って来客の2・3段(⑲ 　　　　　　)を進む。

エレベーターでは（⑳　　　　　　　）が先に乗り込み，降りるときには来客に先に降りてもらう。

　応接室に着いたら，ドアを（㉑　　　　　　　）し，空室を確認してからドアを開ける。ドアが外開きの場合はドアを引いて開け，来客を先に入れる。ドアが内開きの場合は（⑳）が先に入ってドアを押さえながら，来客を招き入れる。来客が入室したら，ドアに向かい，（㉒　　　　　　　）を添えてドアを閉める。このとき（㉓　　　　　　　）で閉めてはいけない。来客に（㉔　　　　　）を勧めて座ってもらう。

　来客を受付で見送る場合は，「ありがとうございました」などと言って会釈をする。また，来客よりも先に挨拶をする。エレベーターの前で見送る場合は，ドアが閉まり，エレベーターが（㉕　　　　　　　）まで丁寧にお辞儀をする。玄関で見送る場合は，ドアの内側で挨拶をして別れる。ドアは来客に開けさせず，応対者か受付の担当者が開閉する。

▶Step問題

正答数　　／5問

1 次の各文の内容が正しい場合は○を，誤っている場合は×を書きなさい。

⑴　相手の会社を訪問するときは，前日までにはアポイントを取るようにする。

⑵　手土産を渡すときは，挨拶をして本題に入る前に，相手が持ち運びしやすいように袋に入れたまま手渡す。

⑶　アポイントのない来客の取り次ぎは，すぐに在否を伝えず，本人が在席していても必ず確認を取ってから取り次ぐようにする。

⑷　エレベーターで来客を案内するときは，自分が先に乗り込み，開ボタンを押してドアを閉まらないようにし，来客を迎え入れる。

(1)		(2)		(3)		(4)	

2 あなたは四国物流営業課の社員である。商品配送の見積もりを提出するため，先方の担当者である広島家電製造販売課の石井さんを10月1日水曜日の午前10時に訪問したい。先方とアポイントを取るために，電話でどのように伝えるか書きなさい。なお，電話は石井さんが出るものとする。

5節 訪問・来客の応対(2)

● 要点整理

正答数 ／21問

教科書の内容についてまとめた次の文章の(　　　)にあてはまる語句を書きなさい。

Check!

4 お茶の接待のマナー

教科書 p.38〜39

お茶を入れるときは，まず服装を整え，手を(①　　　　　　)にする。次に茶碗と(②　　　　　　)の底を布きんでよく拭く。茶碗は，欠けていたり，ひびが入っていたり，茶渋がついていないかを点検する。あらかじめ(③　　　　　　)や茶碗を温めておき，お茶の味・濃さ・温度に気をつけ，お茶を飲むときの温度が(④　　　　　　)度を下回らないように(⑤　　　　　)分程度で用意する。お茶は，茶碗の(⑥　　　　　)分目程度にそそぐ。数人分のお茶を入れるときは，お茶の濃さが均等になるように，それぞれの茶碗に少しずつ順番にそそいで入れる。これを(⑦　　　　　　)という。

お茶を運ぶときは，お盆と(①)な布きんを用意し，お盆に茶碗と(②)を別々に載せる。このとき(②)の手前に茶碗がくるようにする。髪や息がかからないよう，お盆は両手で左右どちらかにずらして(⑧　　　　　)の高さで持つ。布きんは，お盆の(⑨　　　　　)にはさんで持つ。応接室に入るときは，必ず扉を(⑩　　　　　)し，軽く会釈してから入る。

お茶を出すときは，(⑪　　　　　　　)があればその上にお盆を置き，一組ずつ茶碗を(②)に載せて出す。(⑪)がない場合には，テーブルの(⑫　　　　　)にお盆を置くか，(⑬　　　　　)でお盆を持って出す。(⑭　　　　　)を落として(⑮　　　　　)の来客から順に「どうぞ」と言って勧め，最後に社内の人に出す。

お茶は来客の(⑯　　　　　)側から茶碗の柄が正面になるように出す。(⑯)側から出すのが無理な場合には，正面または逆側から出してもよい。お茶とお菓子を出すときは，先にお菓子を来客の(⑰　　　　　)側に，次にお茶を(⑱　　　　　)側に出す。コーヒーや紅茶を出すときは，カップの手は来客の(⑲　　　　　)側に向けて置く。冷たい飲み物を出す場合は，テーブルが水滴で濡れないように，先に(⑳　　　　　　　)をテーブルに置き，その上にグラスを置く。ストローをそえる場合は，グラスの前に(㉑　　　　　　)に置く。

退室するときは，お盆と布きんを目立たないように持ち，2，3歩後退して軽く一礼する。その後，出口で会釈して退出する。

▶Step 問題

1 お茶を出すときの順番になるように記号を並べかえなさい。

ア　お湯を沸騰させる

イ　茶碗に入れた湯を急須に入れる

ウ　服装を整え，手を清潔にする

エ　お盆に茶碗と茶托を別々に載せる

オ　茶葉が開くまで30秒待つ

カ　お盆と布きんを用意する

キ　お盆を両手で胸の高さで片側にずらして持つ

ク　サイドテーブルにお盆を置き，茶碗と茶托をセットする

ケ　戻りつぎをして茶碗にお茶を注ぐ

コ　ドアをノックして応接室に入室する

サ　上座の来客から出す

シ　茶碗にポットの湯を入れる

ス　茶葉を急須に入れる

①	→	②	→	③	→	④	→	⑤	→
⑥	→	⑦	→	⑧	→	⑨	→	⑩	→
⑪	→	⑫	→	⑬					

2 戻りつぎでお茶を入れる順番を，①②③④⑤⑥の番号と，→(矢印)を使って図示しなさい。お茶は左端の茶碗から入れるものとする。番号は□の中に書くこと。

3 右のイラストは「来客を正面から見た状態」をあらわしています。イラストの中の⑦・⑦には茶菓子とカップが置かれています。茶菓子は⑦と⑦のどちらに置かれているか，記号で答えなさい。

6節 電話の応対

教科書 p.42〜45

● 要点整理

正答数　／21問

教科書の内容についてまとめた次の文章の（　　　）にあてはまる語句を書きなさい。

1 電話応対の方法

教科書 p.42〜43

Check!

電話応対では，「（① 　　　　）」「（② 　　　　）」「（③ 　　　　）」を心がけ，相手に気を配った応対を行う。

電話を受けるときは，できるだけ早く，着信音が（④ 　　　）回鳴り終わるまでには出るようにする。また，（⑤ 　　　）回以上着信音が鳴ってから出る場合は，最初に「（⑥ 　　　　）」と言う。電話の受話器は（⑦ 　　　　）と反対の手でとり，こちらの（⑧ 　　　　）と部署名を名乗る。相手が名乗ったら，知らない相手でも「（⑨ 　　　　）」などと挨拶をする。用件はメモを取りながら，（⑩ 　　　　）を意識して聞く。話が終わったらメモを見て用件を（⑪ 　　　　）して確認する。最後に挨拶をし，（⑫ 　　　　）が電話をきってから受話器を置く。

電話をかける場合は，電話をかける前に用件を（⑩）で整理し，必要な資料は手元に用意しておく。また，間違い電話をかけないように，相手の電話番号などを名刺などで確認しておく。さらに，電話機のそばには，（⑬ 　　　　）などを置かない。

相手が電話に出たら，挨拶をして名乗り，用件を伝える。用件を伝えるときは，準備しておいたメモなどを確認しながら要領よく話し，普通の用件なら（⑭ 　　　）分以内で伝えられるようにする。最後に，結論や約束事を確認し，（⑮ 　　　　）を押して通話をきってから受話器を置くとよい。ただし，自分がかけた場合でも電話の相手が目上の人の場合は，相手がきってから受話器を置くようにする。

2 状況に応じた電話応対

教科書 p.44〜45

Check!

電話を取り次ぐ場合は，先方の会社名と名前を聞き，（⑯ 　　　　）して確認する。周囲の会話が聞こえないよう，（⑰ 　　　　）を押して担当者に取り次ぐ。

担当者が不在の場合に，先方が折り返しの電話を希望したり伝言を頼まれたりした場合には，必ず内容を（⑯）して確認し，最後に自分の名前を名乗る。担当者が戻ってきたら口頭だけですませずに，先方が話した内容を書いた伝言（⑱ 　　　　）も一緒に担当者に渡すとよい。また，先方が急いでおり，担当者が会議中の場合は，会議室に電話を回すか直接会議室に出向き，伝言（⑱）を渡して指示を仰ぐ。

苦情電話の応対では，まずは（⑲ 　　　　）をする。次に（⑳ 　　　　）を打ち，

どんな内容でも誠意をもって最後まで話を聞く。自分一人で対応できないときは，先輩や上司にかわってもらうか，相手の連絡先を聞いていったん電話をきり，上司などに相談のうえ，改めて電話をかけるとよい。

間違い電話にも親切に応対する。自分が間違い電話をかけたときはすぐに謝り，丁寧に電話をきる。取り次ぎ者が間違えて（㉑　　　　　　　　）と異なる人が電話に出た場合は，その旨を丁寧に伝え，改めて取り次ぎ者から（㉑）につなげてもらう。

電話で伝言を受けたときは，日時などを確認のうえ⑯して，最後に自分の名前を相手に伝える。そのとき，特に聞き間違えやすい言葉は区別して言うとわかりやすい。

応対に関するビジネスマナー

▶Step 問題

正答数　　／7問

1 次の各文の内容が正しい場合は○を，誤っている場合は×を書きなさい。

(1) 着信音が5回鳴るまでに電話に出るようにする。

(2) 電話に出たら，相手が名乗るまでこちらは何も言わなくてもよい。

(3) 通話の途中で何らかの原因で電話がきれてしまったら，かけた側がかけなおす。

(4) かけた相手が不在で伝言を頼む場合は，受けてくれた人の名前を聞いておく。

(5) 相手が目上の人の場合は，自分がかけた電話であっても，相手がきってから受話器を置く。

(1)		(2)		(3)		(4)		(5)	

2 名指し人が不在などで電話に出られない場合は，『謝罪して事情の説明を行い，相手の意向をたずねる』とよい。次の応対例で，相手の意向をたずねている部分に下線を引きなさい。

「申し訳ございません。あいにく井口は外出しております。16時には戻る予定です。よろしければご伝言を承りましょうか」

3 かかってきた電話の名指し人の林さんが，コピーを取りに行って席にいない場合，どのように伝えるか書きなさい。🖉 💡

7節 席次のマナー

教科書 p.46〜47

● 要点整理

正答数　　／23問

教科書の内容についてまとめた次の文章の(　　　)にあてはまる語句を書きなさい。

1 応接室

Check!

教科書 p.46

応接室などで座る順番を(① 　　　　　　)という。また,その室内で来客や目上の人が座る席を(② 　　　　　　),応対する側や目下の人が座る席を(③ 　　　　　　)という。

席次のルールの基本には次のようなものがある。

①一般的には,出入口から(④ 　　　　)奥の席が(②),出入口に(⑤ 　　　　)席が(③)である。

②出入口が真んなかにある場合は,正面に向かって(⑥ 　　　　)側が(②),(⑦ 　　　　)側が(③)である。

③椅子の格は,(⑧ 　　　　)・肘かけのある(⑨ 　　　　),(⑧)・肘かけのある(⑩ 　　　　)の椅子,(⑧)・肘かけのない椅子の順となる。

④先方から席を指定されたときは,(②)・(③)にかかわらず,勧められた席に座る。

(⑪ 　　　　　　)のある応接室では,(⑪)が来客の席((②))になる。(⑪)とは,背もたれや座面にクッションがある,ゆったりと座れる(⑨)のことである。また,オフィス内の応接コーナーでは,社員の席から(⑫ 　　　　)ほうが(②)で,(⑬ 　　　　)ほうが(③)である。

2 乗り物

Check!

教科書 p.47

タクシーでは,(⑭ 　　　　　　)の後ろが上席(上座)で,(⑮ 　　　　　　)が一番の末席(下座)となる。後部座席では(⑯ 　　　　　　)が末席となる。また,上位者が運転する自家用車の場合には,運転する人と同格の人が横になるようにするため,(⑮)が上席となるが,乗せる相手が目上の人の場合には,タクシーと同じようにする。

列車と飛行機では,(⑰ 　　　　　　)に向かい(⑱ 　　　　　　)側の席が上席である。どちらも3列の座席では,(⑲ 　　　　)側,(⑳ 　　　　)側,(㉑ 　　　　　　)の順になる。列車で上席の向かいに席がある場合は,その席が次席である。

エレベーターでは,(㉒ 　　　　　　)の前が下座であり,上座は乗る側から向かって左側の奥となる。エレベーターの操作係がいる場合は,乗り降りとも来客や上司が優先であるが,係がいない場合は,(㉓ 　　　　　　)が先に乗って操作をする。

正答数 ／10問

1 応接室での席次を，○の中に数字を入れて答えなさい。

(1) 対面型(左右)

(2) 対面型(前後)

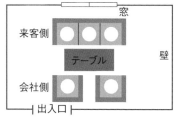

(3) 応接コーナー

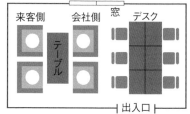

2 自動車(タクシー4人乗車・タクシー3人乗車・自家用車4人乗車)での席次を，○の中に数字を入れて答えなさい。

(1) タクシーの席次
    (4人の場合)

(2) タクシーの席次
    (3人の場合)

(3) 自家用車の席次
    (上位者が運転する場合)

3 列車・飛行機での席次を，○の中に数字を入れて答えなさい。

(1) 列車・飛行機での席次

    (2列の場合)　　　(3列の場合)

(2) 列車での席次
    (4人で向かい　　(6人で向かい
    合わせの場合)　　合わせの場合)

4 エレベーターでの席次を，○の中に数字を入れて答えなさい。

(1) 片側に操作盤がある場合

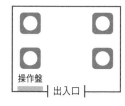

(2) 両側に操作盤がある場合

① マナーとは何か，またビジネスマナーはどうして必要なのかを考えて書き出してみよう。

② 初対面の相手に，第一印象で好感を持ってもらうには，どうすればよいでしょうか。具体的に何をどのようにすればよいかを整理して書いてみよう。

③ 取引先から注文数量変更の電話がかかってきました。あなたが電話を受けましたが，担当者が外出しており電話を取り次ぐことができません。この場合，あなたは電話をかけてきた相手にどのような提案ができますか。いくつでもあげてみよう。

④ マナーは理由があって今の形になっています。普段の生活やテレビに出てくるマナーで気になっているものをあげてみよう。そして，その由来を調べ，なぜ今の形になったのかを考えてみよう。

場面

由来

次の⑴～⒇にあてはまる用語を書きなさい。

1回目□⑴　同僚や親しい間柄の人に対するお辞
2回目□　　儀。上体を15°傾ける。

（　　　　　　　　　）

□⑵　受付や一般的な場面でのお辞儀。上
□　　体を30°傾ける。（　　　　　　　）

□⑶　深い感謝やお詫び，見送りなどに用
□　　いる非常に丁寧なお辞儀。上体を45°
　　　傾ける。　　（　　　　　　　　）

□⑷　Time：時間, Place：場所, Occasion：
□　　場合の頭文字をとった略語。

（　　　　　　　　　）

□⑸　外見や立ち居振る舞いで決まる初対
□　　面の印象。　　（　　　　　　　）

□⑹　椅子にかけるときや椅子から立つと
□　　きに，３段階で動くと美しく見える足
　　　の運び方。（　　　　　　　　　）

□⑺　相手を高めることで敬意を表す。相
□　　手の動作などに対して使う。

（　　　　　　　　　）

□⑻　自分がへりくだることで相手を高め
□　　敬意を表す。自分や身内の動作などに
　　　対して使う。　（　　　　　　　）

□⑼　語尾に「です」「ます」をつけて相
□　　手に敬意を表す。丁寧に言うときに使
　　　う。　　　　（　　　　　　　　）

□⑽　食べ物や物事に「お」「ご」をつけ
□　　て美化し，会話や文章の品格を高め丁
　　　寧な印象にする表現。

（　　　　　　　　　）

□⑾　一つの語について，同じ種類の敬語
□　　を二重に使った過剰な敬語表現。

（　　　　　　　　　）

□⑿　前置きに使うと相手に柔らかな印象
□　　を与える言い回し。

（　　　　　　　　　）

□⒀　人に会うときに，電話やメールなど
□　　で約束を取りつけること。訪問予約と
　　　もいう。　　（　　　　　　　　）

□⒁　数人分のお茶を入れるときにお茶の
□　　濃さが均等になるように，それぞれの
　　　茶碗に少しずつ順番にそそいで入れる
　　　こと。　　　（　　　　　　　　）

□⒂　来客にお茶を出すときに茶碗を載せ
□　　る受け皿。　（　　　　　　　　）

□⒃　コップの水滴がテーブルにつかない
□　　ようにするためのコップ敷き。

（　　　　　　　　　）

□⒄　電話対応で，担当者が不在の場合に
□　　先方が話した内容を書くメモ。

（　　　　　　　　　）

□⒅　応接室などで座る場所の順番。
□

（　　　　　　　　　）

□⒆　応接室などで来客や目上の人が座る
□　　席。上席ともいう。

（　　　　　　　　　）

□⒇　応接室などで応対する側や目下の人
□　　が座る席。末席ともいう。

（　　　　　　　　　）

▲アプリは
こちらから

アプリでほかの問題にもチャレンジしてみよう！

1節 交際のマナー(1)

教科書 p.50〜53

● 要点整理

正答数 ／35問

教科書の内容についてまとめた次の文章の(　　　)にあてはまる語句を書きなさい。

1 冠婚葬祭の基礎知識

教科書 p.50

Check!

冠婚葬祭の「(① 　　　)」とは，お宮参りや七五三，入学や卒業，就職，昇進・栄転，賀寿など，人生の節目のお祝い事のことである。「(② 　　　)」とは，婚礼(結婚式や披露宴)のことである。「(③ 　　　)」とは，お悔やみ(通夜・葬儀・告別式)のことである。弔い方は，宗教により異なるので注意が必要である。「(④ 　　　)」とは，お正月やお盆，節分，お彼岸，七夕など，季節の節目の伝統行事のことである。

2 贈答のマナー

教科書 p.51

Check!

(⑤ 　　　)は，夏季に，お世話になっている人に贈り物をする習慣である。一般的に，7月初旬から7月15日(中元)までに贈る。これ以降の場合は，表書きを「(⑥ 　　　)」，立秋以降は「(⑦ 　　　)」とする。

(⑧ 　　　)は，冬季に，(⑤)と同様に贈り物をする習慣である。12月初旬から25日頃までに贈る。お正月になる場合は，表書きを「(⑨ 　　　)」「(⑩ 　　　)」とする。なお，(⑤)・(⑧)を贈られたときは，感謝の気持ちを表す(⑪ 　　　)をできるだけ早く出すようにする。

結婚・出産の知らせを受けたら，できるだけ早くお祝いの品を届ける。結婚祝いの品を持参する場合は，(⑫ 　　　)の午前中とする。

表書きが，「御中元」「御歳暮」「御祝い」の場合は，紅白蝶結びの(⑬ 　　　)で，(⑭ 　　　)がついたものを贈る。

品物の選び方は，(⑤)なら，飲み物や水ようかんなどの(⑮ 　　　)なもの，日持ちのするそうめんや冷麦などにする。(⑧)は，年末年始に使えるハムやソーセージなどの(⑯ 　　　)，酒類などにする。また，会社宛に送る場合は，(⑰ 　　　)になった菓子類など，取り分けやすいものが理想的である。(⑱ 　　　)は，できるだけ当人の希望を聞いて品物を選ぶ。また，(⑲ 　　　)や(⑳ 　　　)は，子どもの成長を考慮した衣類などが適している。

3 慶事のマナー

教科書 p.52〜53

Check!

慶事の招待状が届いたら，同封されている(㉑ 　　　)に出欠を記入し，出席・欠席，どちらの場合でも一言添えて返事を出す。届いてから(㉒ 　　　)以

内には返送する。また，欠席の場合は，改めてお祝いの気持ちを伝える（㉓　　　　　）を打つとよい。このとき，縁起が悪く使用すべきではない（㉔　　　　　）に注意する。

　冠婚葬祭や正式なパーティー，公式行事など，その場にふさわしい服装の基準（指定）を（㉕　　　　　）という。（㉕）には，（㉖　　　　　）（正礼服）・（㉗　　　　　）（準礼服）・（㉘　　　　　）（平服）があり，さらに時間帯と場所に応じた区別がある。男性の（㉖）は，（㉙　　　　　）や燕尾服，女性は（㉚　　　　　）やイブニングドレス，着物の場合は振袖（未婚者）か（㉛　　　　　）（既婚者）である。一般的な披露宴であれば，男女ともに（㉗）が基本となる。男性は（㉜　　　　　）やタキシード，女性は特に決まりはなく，（㉝　　　　　）やカクテルドレス，訪問着などである。

　さらに，祝儀の金額により，祝儀袋の水引やデザインが異なる。その金額にふさわしい祝儀袋を選ぶのがマナーである。中袋（中包み）に入れる祝儀（お金）は（㉞　　　　　）を用意する。また，祝儀袋は（㉟　　　　　）に包んで持参し，受付の前で（㉟）から出し，表書きを相手に向けてさし出す。

▶Step問題

正答数　　／7問

1 次の各文の下線部が正しい場合は○を，誤っている場合は正しい語句を書きなさい。

(1) 長生きのお祝いのことを<u>昇進</u>という。これには，還暦や古希，米寿などがある。

(2) 病気・入院のお見舞いとして花を贈るときは，<u>切り花</u>を選ぶ。

(3) <u>袱紗</u>とは，贈り物の金品などを包む<u>紙</u>のことである。

(1)		(2)		(3)	

2 次のイラストは「ドレスコード」をあらわしたものである。①〜④にあてはまる語句を，下のア〜エの中から一つずつ選び，記号で答えなさい。

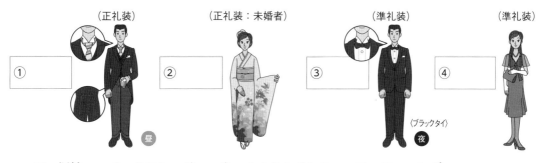

（正礼装）　①　　　（正礼装：未婚者）　②　　　（準礼装）　③　〈ブラックタイ〉夜　　　（準礼装）　④

昼

ア　振袖　　イ　タキシード　　ウ　カクテルドレス　　エ　モーニング

①節 交際のマナー(2)

教科書 p.54～56

● 要点整理

正答数　　／30問

教科書の内容についてまとめた次の文章の(　　　)にあてはまる語句を書きなさい。

Check!

4 弔事のマナー

教科書 p.54

通夜・葬儀・告別式には，男女とも略礼装で参列するとよい。しかし，通夜は訃報を聞いて急にかけつける場合も多いので，男女とも地味な平服でも問題ない。弔事での身だしなみの基本は，自分自身を飾らないことである。男性は(①　　　　　　　)を黒，または暗い色にし，女性は一連の真珠のネックレスと(②　　　　　　　)以外のアクセサリーははずし，化粧やヘアスタイルも控えめにする。また，(③　　　　　　)はつけない。

通夜は，葬儀の前夜に遺族や親戚，友人，職場の仲間や近隣の人々が集まって故人をしのび，その冥福を祈る儀式である。通夜の始まる(④　　　　　　)前までには会場に到着する。受付で「このたびはご愁傷さまです」「心からお悔やみ申しあげます」などと(⑤　　　　　　　)を述べ，記帳する。なお，(⑥　　　　　　)は本来，葬儀・告別式に持参するが，通夜のときでもよい。

葬儀は，故人と親しかった人々が冥福を祈る儀式であり，告別式は，知人とともに故人と最後のお別れをする儀式である。現在では，葬儀と告別式を同時に行うのが一般的である。葬儀・告別式とも，(④)前には受付を済ませて着席し，僧侶の入場を待つ。(⑦　　　　　　)や(⑧　　　　　　)をそなえるときは，葬儀の前日までに葬儀社に連絡して手配してもらう。葬儀に出席できないときは，お悔やみの気持ちを伝える(⑨　　　　　　)を打ち，(⑥)を不祝儀袋に入れ，(⑩　　　　　　)で遺族に送る。葬儀後の告別式は，遺族が参列者からの(⑪　　　　　　)を受ける儀式であり，(⑫　　　　　　)まで参列するのが礼儀である。お悔やみの言葉，弔辞，弔電でも，忌み言葉には十分な注意を払う。

Check!

5 形式別の作法

教科書 p.55～56

焼香(仏式の場合)では，自分の番が来たら，(⑬　　　　　　)を左手に持ち，次の人に会釈をして前に進み，遺族と僧侶に一礼する。次に祭壇の(⑭　　　　　　)に向かって一礼し，(⑬)をかけて合掌する。焼香の回数は1～3回で，親指・人差し指・中指の3本で香をつまみ，頭を下げながらつまんだ香を目の高さまで上げ，静かに(⑮　　　　　　)に落とす。最後に合掌して一礼し，遺族と僧侶にも一礼して終了となる。

玉串奉奠(神式の場合)では，(⑯　　　　　　)の水で手を洗い，口をすすいでから式場

に入る。これを（⑰　　　　　　　　　）という。自分の順番が来たら，遺族と神官に一礼し，両手で（⑱　　　　　　　）を受け取る。（⑲　　　　　　　　　）の前に進み，枝もとが自分の正面に向くように回し，さらに枝もとを神前に向け両手でそなえる。（⑭）に二礼し，（⑳　　　　　　　　　）で二拍手し，最後に深く一礼する。神官と遺族に一礼して席に戻る。

　　献花（キリスト教式の場合）は，仏式の焼香や神式の玉串奉奠にあたるもので，（㉑　　　　　　　　　）だけの風習である。花が右にくるように両手で受け取り，祭壇に一礼する。茎が祭壇側に向くよう時計回りに回し，（㉒　　　　　　　　　）に置く。黙祷し，信者であれば十字を切り，そうでなければ丁寧な礼をする。神父（牧師）と遺族に一礼して席に戻る。

6 不祝儀袋

教科書 p.56

Check!

　　葬儀を仏教・神道・キリスト教のいずれで行うかにより，不祝儀を入れる不祝儀袋の（㉓　　　　　　　　　）が異なる。水引の色は，（㉔　　　　　　　　　）または銀白で，結び方は（㉕　　　　　　　　　）にし，のしはつけない。名前は悲しみを表すために（㉖　　　　　　　）で書く。中袋（中包み）に入れる不祝儀（お金）は，（㉗　　　　　　　）を避けて古いものを入れる。不祝儀袋は，受付の前で袱紗から出し，表書きを相手に向けてさし出す。また，仏式の表書きでは，初七日までは「（㉘　　　　　　　）」，初七日をすぎて四十九日までは「（㉙　　　　　　　）」，四十九日をすぎたら「（㉚　　　　　　　）」などの使い分けをする。

▶Step問題

正答数　　／4問

1 次の各文の下線部が正しい場合は〇を，誤っている場合は正しい語句を書きなさい。

⑴　玉串奉奠での<u>しのび手</u>とは，音を立てずに拍手することである。

⑵　不祝儀は，お悔やみに持参する金品のことで，<u>焼香</u>ともいう。死者の霊にそなえる香の代わりに，金銭を持参したという意味がある。

⑶　<u>御香典</u>はどの宗教・宗派でも使用できる表書きである。

(1)		(2)		(3)	

2 弔事での男性または女性の服装について，どちらかを選択して「略礼装」と「平服」という語を用いて説明しなさい。

2節 食事のマナー

教科書 p.58〜62

● 要点整理

正答数 ／40問

教科書の内容についてまとめた次の文章の( )にあてはまる語句を書きなさい。

1 食事のマナーの基本

教科書 p.58

Check!

一緒に食事をする人と(① ）をすごすためには，食事のマナーを身につけておく必要がある。周囲の人に(② ）を与えないように，正しいマナーで食事を楽しむことが大切である。どの料理にも共通する食事のマナーには，次のようなものがある。

①その場に応じた(③ ）のある身だしなみにする。

②(④ ）を理解しておく。

③(⑤ ）などの使用は控える。

④食べ方や(⑥ ）などの振る舞いに気を配る。

⑤まわりの人と食事の(⑦ ）を合わせる。

⑥明るい話題を選び，(⑧ ）を楽しむ。

2 西洋料理のマナー

教科書 p.58〜59

Check!

西洋料理店での席次は，出入口から一番(⑨ ）席が上座となる。

着席にあたっては，(⑩ ）または女性から先に着席する。椅子の(⑪ ）に立ち，係が椅子を引いたら椅子の前に立つ。椅子が押され，足にあたる感触があったら静かに腰をしずめる。テーブルと体の間は，(⑫ ）一つ分程度あけ，(⑬ ）に寄りかからず背筋を伸ばす。

女性の(⑭ ）は，足下か背中と背もたれとの間に置く。

(⑮ ）とは，洋食器のうち食卓用金物の総称で，フォークやナイフなどをさす。西洋料理では，(⑮)をきちんと使うことがマナーである。(⑮)は，パンやデザート用以外は，(⑯ ）から使うようにセッティングされている。

(⑰ ）は，汚れた部分を見せないように，折りたたんである(⑱ ）を使う。(⑲ ）するときはたたんで椅子の上に置き，食事が終わったら軽くたたんでテーブルの上に置く。

食事中は，余分な(⑳ ）を立てない。ナイフやフォークを置くときは，ナイフの刃を(㉑ ）に，フォークは背を向けて(㉒ ）に置く。食事を終えたら，ナイフの刃は(㉑)に，フォークは表を上にし，時計の(㉓ ）の位置に置く。

3 日本料理のマナー

教科書 p.60〜61

Check!

　和室では，基本的に（㉔　　　　　　　）に近い席が上座となる。（㉔）がない場合は，出入口から最も遠い席が上座となる。

　日本では「（㉕　　　　　　　）の使い方でその人の人柄がわかる」といわれるほど，（㉕）の使い方が重要である。

　また，器には高価なものや傷がつきやすいものもあるので，丁寧に扱う。食べ終わったら，器が出されたときと同じ状態に戻す。蓋を（㉖　　　　　　　）にはしない。

　日本料理では，（㉗　　　　　　　）をナプキンの代わりに使う。（㉘　　　　　　　　）は手をふくときだけに使い，口をふいたり，指先や箸先の汚れを取ったりするときなどは（㉗）を使う。

　料理を食べるときは，器を手に持つ。置いてある器に（㉙　　　　　　　）を近づけたり，手を（㉚　　　　　　　）のようにして口元へ料理を運んだりしない。

4 中国料理のマナー

教科書 p.61

Check!

　中国料理では，（㉛　　　　　　　　　　）を数人が囲んで食事をする場合が多い。（㉛）は（㉜　　　　　　　　）に動かす。席次は出入口から一番遠い席が上座となる。

　料理が全員に行き渡り，（㉝　　　　　　　）が箸をつけるまでは食べはじめない。ご飯茶碗以外の器は手で持ち上げず，汁気の多いものは（㉞　　　　　　　）を使って食べる。

5 立食スタイルでのマナー

教科書 p.62

Check!

　飲食や会話を立って楽しむ立食スタイルのパーティーなどでは，動きやすい服装が最善である。男性は，黒や紺，茶色などの（㉟　　　　　　　），女性は裾があまり広がっていない（㊱　　　　　　　）や，パンツスーツなどが適切である。靴も疲れにくいものを選ぶとよい。

　立食スタイルは，交流が中心となるので，初対面の人にも自分から気軽に話しかける。会話をするときは，（㊲　　　　　　　）で皿とフォーク，グラスを持ち，（㊳　　　　　　　）は握手のためにあけておくのがマナーである。

　食べ終えたあとの皿は，（㊴　　　　　　　　　）に置いておけば，係がかたづけてくれる。飲み物は，係がトレーに載せて会場を回っているので，そのなかから好きなものを選ぶことができる。さらに，料理が取り放題だからといって，1枚の皿に山盛りにしたりするのは，マナー違反である。自分が食べられる量だけを取って，（㊵　　　　　　　）をしないようにする。

1 次の各文の下線部が正しい場合は○を，誤っている場合は正しい語句を書きなさい。

⑴　<u>中座</u>とは，食事などの途中で席をはずすことである。食事中に<u>中座</u>するときは，ナプキンをたたんで椅子の上に置く。

⑵　日本の住宅で，畳の部屋に作られる掛け軸やいけばななどを飾る場所を<u>欄間</u>という。

⑶　刺身は，手前に並んでいるものから順番に食べ，わさびは刺身に<u>直接つける</u>。

⑷　レンゲとは，<u>金属製</u>のスプーンのことである。

⑸　立食スタイルは，<u>バイキングスタイル</u>とも呼ばれ，食べ放題とは異なる。

(1)		(2)		(3)	
(4)		(5)			

2 次のイラストは「やってはいけない箸使い」を示したものである。①〜④にあてはまる語句を，下のア〜エの中から一つずつ選び，記号で答えなさい。

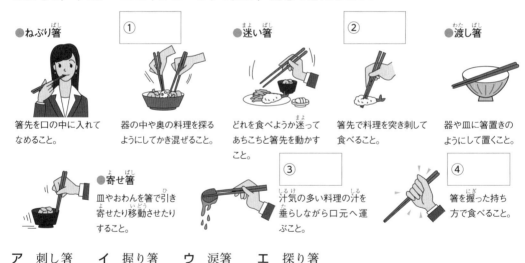

●ねぶり箸
箸先を口の中に入れてなめること。

①
器の中や奥の料理を探るようにしてかき混ぜること。

●迷い箸
どれを食べようか迷ってあちこちと箸先を動かすこと。

②
箸先で料理を突き刺して食べること。

●渡し箸
器や皿に箸置きのようにして置くこと。

●寄せ箸
皿やおわんを箸で引き寄せたり移動させたりすること。

③
汁気の多い料理の汁を垂らしながら口元へ運ぶこと。

④
箸を握った持ち方で食べること。

ア　刺し箸　　イ　握り箸　　ウ　涙箸　　エ　探り箸

3 西洋料理のマナーについて，「カトラリー」，「ナプキン」という語のどちらかを選択して，どう使用するかを説明しなさい。✎💡

◆ 探究問題

1 冠婚葬祭の「祭」に関して，自分の住んでいる地域の季節の節目の伝統行事を調べて書き出してみよう。

2 祝儀の金額により，祝儀袋の水引やデザインが異なるが，金額にふさわしい祝儀袋とはどのようなものかを調べてみよう。

3 フランス料理やイタリア料理など，西洋料理の種類を書き出してみよう。また，調べた西洋料理で，どのようなメニューを出しているか書き出してみよう。

4 日本料理に使用される箸や各種の器について，その産地や使用上の注意点などを調べて書き出してみよう。

次の(1)～(25)にあてはまる用語を書きなさい。

1回目☐(1)　誰もが経験する大事な儀式のこと。
2回目☐　　　　　　　　　　（　　　　　　　）

☐(2)　(1)で人生の節目のお祝い事。
☐　　　　　　　　　　（　　　　　　　）

☐(3)　(1)で季節の節目の伝統行事。
☐　　　　　　　　　　（　　　　　　　）

☐(4)　1年を3つに分けた三元の一つで，
☐　　7月15日のこと。（　　　　　　　）

☐(5)　慶事や弔事の包み紙や封筒にかける
☐　　紅白や黒白などの飾り。
　　　　　　　　　　（　　　　　　　）

☐(6)　慶事の進物にそえられるもので，も
☐　　ともとは，のした鮑(あわび)のこと。
　　　　　　　　　　（　　　　　　　）

☐(7)　お祝いの気持ちを伝える電報。
☐　　　　　　　　　　（　　　　　　　）

☐(8)　縁起が悪く慶事などで使用すべきで
☐　　はない言葉。　（　　　　　　　）

☐(9)　冠婚葬祭や公式行事など，その場に
☐　　ふさわしい服装の基準(指定)。
　　　　　　　　　　（　　　　　　　）

☐(10)　服装の基準で，略礼装の別名。
☐　　　　　　　　　　（　　　　　　　）

☐(11)　男性の正礼装で夜に着るもの。
☐　　　　　　　　　　（　　　　　　　）

☐(12)　女性の正礼装で，未婚者が着る着物。
☐　　　　　　　　　　（　　　　　　　）

☐(13)　お祝いに持参する金品。
☐　　　　　　　　　　（　　　　　　　）

☐(14)　お悔やみごと全般。
☐　　　　　　　　　　（　　　　　　　）

☐(15)　葬儀の前夜に故人をしのび，その冥
☐　　福を祈る儀式。
　　　　　　　　　　（　　　　　　　）

☐(16)　故人と親しかった人々が冥福を祈る
☐　　儀式。　　　　（　　　　　　　）

☐(17)　知人とともに故人と最後のお別れを
☐　　する儀式。(16)と同時に行うのが一般
　　　的。　　　　　（　　　　　　　）

☐(18)　お悔やみの気持ちを伝える電報。
☐　　　　　　　　　　（　　　　　　　）

☐(19)　仏式の焼香で，祭壇の遺影に合掌す
☐　　るときに持つもの。
　　　　　　　　　　（　　　　　　　）

☐(20)　柄杓の水で手を洗い，口をすすいで
☐　　から式場に入ること。
　　　　　　　　　　（　　　　　　　）

☐(21)　キリスト教式の弔事で，仏式の焼香
☐　　や神式の玉串奉奠にあたるもの。
　　　　　　　　　　（　　　　　　　）

☐(22)　お悔やみに持参する金品。
☐　　　　　　　　　　（　　　　　　　）

☐(23)　不祝儀袋で名前を書くときに用いる
☐　　墨のこと。　　（　　　　　　　）

☐(24)　仏式の不祝儀袋で，初七日までの表
☐　　書き。　　　　（　　　　　　　）

☐(25)　仏式の不祝儀袋で，四十九日すぎの
☐　　表書き。　　　（　　　　　　　）

次の(1)〜(20)にあてはまる用語を書きなさい。

1回目☐　(1)　洋食器のうち，食卓用金物の総称。
2回目☐　　　　　　　　　　　（　　　　　　　）

☐　(2)　西洋料理を食べるときに，汚れた部
☐　　　分を見せないように，折りたたんで内
　　　側を使うもの。　　（　　　　　　　）

☐　(3)　食事などの途中で席をはずすこと。
☐　　　　　　　　　　　（　　　　　　　）

☐　(4)　畳の部屋に作られる掛け軸やいけば
☐　　　ななどを飾る場所。
　　　　　　　　　　　（　　　　　　　）

☐　(5)　出入口の正面左側に床の間がある和
☐　　　室のこと。　　　（　　　　　　　）

☐　(6)　出入口の正面右側に床の間がある和
☐　　　室のこと。　　　（　　　　　　　）

☐　(7)　箸使いで，箸先を口の中に入れてな
☐　　　めること。　　　（　　　　　　　）

☐　(8)　箸使いで，器の中や奥の料理を探る
☐　　　ようにしてかき混ぜること。
　　　　　　　　　　　（　　　　　　　）

☐　(9)　箸使いで，どれを食べようかと，あ
☐　　　ちこちに箸先を動かすこと。
　　　　　　　　　　　（　　　　　　　）

☐　(10)　箸使いで，箸先で料理を突き刺して
☐　　　食べること。　　（　　　　　　　）

☐　(11)　箸使いで，器や皿に箸置きのように
☐　　　して箸を置くこと。
　　　　　　　　　　　（　　　　　　　）

☐　(12)　箸使いで，皿やおわんを箸で引き寄
☐　　　せたり移動させたりすること。
　　　　　　　　　　　（　　　　　　　）

☐　(13)　箸使いで，料理の汁を垂らしながら
☐　　　口元へ運ぶこと。（　　　　　　　）

☐　(14)　箸使いで，箸を握った持ち方で食べ
☐　　　ること。　　　　（　　　　　　　）

☐　(15)　日本料理で，ナプキンの代わりに使
☐　　　うもの。　　　　（　　　　　　　）

☐　(16)　中国料理で利用される，数人が囲ん
☐　　　で食事をする円卓。
　　　　　　　　　　　（　　　　　　　）

☐　(17)　中国料理で，汁気の多いものを食べ
☐　　　るときに使う陶製のスプーン。
　　　　　　　　　　　（　　　　　　　）

☐　(18)　立食スタイルの別名。
☐　　　　　　　　　　　（　　　　　　　）

☐　(19)　食べ放題の食事スタイルのこと。
☐　　　　　　　　　　　（　　　　　　　）

☐　(20)　立食スタイルで，食べ終えたあとの
☐　　　皿を置く場所。
　　　　　　　　　　　（　　　　　　　）

3章　交際に関するビジネスマナー

▲アプリはこちらから

アプリでほかの問題にもチャレンジしてみよう！

memo
_____
_____
_____

1節 接客

教科書 p.64～67

● 要点整理

正答数　　／19問

教科書の内容についてまとめた次の文章の(　　　)にあてはまる語句を書きなさい。

1 効果的な接客

教科書 p.64～65

Check!

販売員に求められる第一の能力は，(① 　　　　　　　　)の豊富さである。よい商品であっても，実際にお客に接する販売員に知識がなければ売れない。

お客から信頼されるためには，(② 　　　　　　　　)だけでなく，感情をコントロールし，気持ちのよい接客態度を心がける必要がある。売り場では(③ 　　　　　　)を慎み，(④ 　　　　　　)は心をこめてはっきりとする。また，お客に対しては(⑤ 　　　　　)な態度で接し，年齢や買い物量などで接客を変えてはならない。

お客が購入を決めたあとは，(⑥ 　　　　　　　　)を正確に行う。価格や預かり金額，つり銭は間違えないように，(⑦ 　　　　　　)で確認する。

売り場で，冠婚葬祭に関することについて尋ねられることもある。地域によって(⑧ 　　　　　　)が異なるため，その地域にあった儀礼の知識を身につける。さらに，販売品を傷つけず，素早く(⑨ 　　　　　)する技能なども身につけなければならない。

2 お客の購買心理

教科書 p.65

Check!

お客の購買の動機を知るためには，(⑩ 　　　　　　　　)を知る必要がある。(⑪ 　　　　　　　　)の法則によれば，(⑩)は(⑫ 　　　　　　)(Attention) → (⑬ 　　　　　　)(Interest) → (⑭ 　　　　　　)(Desire) → (⑮ 　　　　　)(Conviction) →(⑯ 　　　　　　)(Action)のように経過するといわれる。

3 お客の購買心理に基づく販売員の接客

教科書 p.66

(⑪)の法則の各段階に合わせて販売員は接客を行う。各段階に合わせたアプローチや声かけを適切に行うことが大切である。

4 クロージング

教科書 p.67

Check!

お客と契約を結ぶという意味で使う(⑰ 　　　　　　　　)という言葉は，販売では，お客が購入の意思を固め，代金を支払う行動を指す。

5 在庫管理と欠品対応

教科書 p.67

Check!

商品が店頭にないという状況を防ぐために，(⑱ 　　　　　　　)管理は重要な業務である。また，欠品になってしまった場合は，お客に謝罪し，誠意をもって対応する。取り寄せが可能な場合は(⑲ 　　　　　　)を作成し，商品が到着したらお客に連絡する。

▶Step 問題

1　次の各文の内容が正しい場合は○を，誤っている場合は×を書きなさい。

⑴　販売員は，取扱商品についての知識のほか，在庫状況やアフターサービスの有無，関連商品などの情報や，冠婚葬祭などに関する知識を身につけておかなければならない。

⑵　販売員同士のコミュニケーションは大切なので，売り場にお客がいない場合は販売員同士で多少の私語を行うことはよい。

⑶　金銭授受を正確に行うために価格や預かり金額，つり銭は口頭で確認する。

⑷　話しかけられることを嫌うお客もいるため，挨拶などはできるだけ控えるようにする。

⑸　販売においてクロージングとは，お客が購入の意思を固め，代金を支払う行動を指す。

(1)		(2)		(3)		(4)		(5)	

2　次の各文は，AIDCAの法則のどの段階にあたるのかを日本語で書きなさい。

⑴　注目した商品について，価値を確かめてみたいという興味を持つ段階。

⑵　実際にお金を支払い，購入する段階。

⑶　商品の品質などに納得して「使いたい」「買いたい」と確信する段階。

⑷　必要性を感じている商品の広告を目にしたときに，立ち止まって注意を払う段階。

⑸　興味を持った商品を所有したいというニーズに変わる段階。

(1)		(2)		(3)	
(4)		(5)			

3　次の条件で商品を販売した場合に発行する領収証を完成させなさい。

発行日：10月31日　商品：ノートパソコン　代金：￥88,000　購入者：株式会社愛知物産

領収証

No.0123456

発行日：○年　　　月　　　日

御中

但し　　　　　　　　　　　　の代金として
上記の金額正に領収いたしました
実教商事株式会社
〒102－8377　東京都千代田区五番町5

2節 ホスピタリティの概念と重要性　教科書 p.68〜69

● 要点整理　正答数　／10問

教科書の内容についてまとめた次の文章の（　　）にあてはまる語句を書きなさい。

Check!

1 ホスピタリティ　教科書 p.68

店頭販売に限らず，飲食，宿泊，観光などの接客の場面では，マナーやマニュアルだけに頼るのではなく，（① 　　　　　　　　　）が大切である。接客の場面における（①）とは，お客の心に寄り添い，お客に喜んでもらうことを考えた思いやりのある接客のことで，似た言葉に（② 　　　　　　　　）がある。お客は，そうした接客によって，払った対価以上に感動や驚きを感じる体験をすることができる。

Check!

2 外国人に対する接客　教科書 p.68〜69

日本政府は観光によってもたらされる経済効果を国の経済を支える基盤の一つにすることをめざす（③ 　　　　　　　　）を掲げ，（④ 　　　　　　　　）を増加させるための施策を推進し，観光業の活性化に力を注いでいる。外国人に対する接客も日本人に対するものと基本は同じだが，言葉の壁などがあるため，次の点に注意するとよい。

外国語が話せないからといって外国人を避けずに，日本語や片言の外国語でもよいので声をかけることが大切である。伝えようという気持ちがあれば伝わると信じて（⑤ 　　　　　　　　）をとり，接客に必要な簡単な言葉から覚えていくとよい。

また，国や宗教によって（⑥ 　　　　　　）には違いがある。（⑥）の違いを理解し，（⑦ 　　　　　　）とされるものを避けるようにする。

さらに，飲食店での接客に関しては，宗教によって食べられないものを事前に調べることと，お客に対して（⑧ 　　　　　　　　）などの確認をとることが大切である。特に宗教の（⑨ 　　　　　　）で禁じられている食材については，十分に注意する必要がある。例えば，イスラム教徒は戒律的に正しく食材を処理した（⑩ 　　　　　　　　）しか食べないため，そうした食材を用意する必要がある。

1 次の各文の内容が正しい場合は○を，誤っている場合は×を書きなさい。

⑴　外国語が話せない店員がつたない外国語で話しかけても結局は質問などに答えられないので，自信がない場合は外国人には声をかけないほうがよい。

⑵　「郷に入れば郷に従え」という言葉があるように，外国人に特別に配慮する必要はない。

⑶　食材は宗教によっては禁じられているものもあるため，十分に注意する必要がある。

⑷　日本文化や日本食を楽しみにしている外国人もいるため，必ずしも西洋風のおもてなしがよいとは限らない。

⑸　国や宗教などにより習慣は異なるため，自分の価値観に縛られずに，習慣の違いを理解する姿勢が必要である。

(1)		(2)		(3)		(4)		(5)	

2 次の⑴〜⑸と関係の深い言葉を，下のア〜ウの中から一つずつ選び，記号で答えなさい。なお，同じ選択肢を2度使用してもよい。

⑴　アルコール，たばこ，カフェインを含んだコーヒー，紅茶などの飲み物をとらない。

⑵　牛は神聖な動物とされているため，牛肉は食べない。

⑶　異なるカーストの人とは食事をしない人もいる。

⑷　豚肉と豚肉由来のものは食べない。

⑸　ハラール料理と呼ばれるものしか食べない。

　　ア　イスラム教　　イ　ヒンドゥー教　　ウ　モルモン教

(1)		(2)		(3)		(4)		(5)	

3 接客におけるホスピタリティやおもてなしがどのようなものか，具体例をあげて説明しなさい。

あなたのクラスにアメリカから女子高校生が2週間の短期留学にやってきました。「日本らしいお店で買い物をしたり，日本食を食べたり，日本の習慣を学んだりしたい」と言っています。それぞれの問いに答えなさい。

1 アメリカの友達におみやげを買いたいという留学生の希望に対し，あなたならどの店に連れていくか理由とともに書いてみよう。

> 店
> 理由

2 日本食を食べたいという希望に対し，店を決める前に留学生に確認したほうがよいことを書いてみよう。

3 おいしい日本食で，接客もよい店に連れていくとしたら，あなたならどの店に連れていくか理由とともに書いてみよう。

> 店
> 理由

4 あなたが上記**1**や**3**で挙げた店の経営者だった場合，外国人のお客に接客するためにどのようなサービスやものなどを準備するべきか具体的に書いてみよう。

次の(1)～(14)にあてはまる語句を書きなさい。

1回目 □(1)　人が商品の購入にいたるまでの心理
2回目 □　　のこと。　　　　　　（　　　　　　　　）

□(2)　お客の(1)の流れを示す法則。
□　　　　　　　　　（　　　　　　　　）

□(3)　(2)において，必要性を感じている商
□　　品の広告などを目にして，立ち止まって
　　注意を払う段階。（　　　　　　　　）

□(4)　(2)において，注目した商品について，
□　　価値を確かめてみたいという興味を持
　　つ段階。　　　　（　　　　　　　　）

□(5)　(2)において，興味を持った商品を所
□　　有したいというニーズに変わる段階。
　　　　　　　　　　（　　　　　　　　）

□(6)　(2)において，商品の品質などに納得
□　　して「使いたい」「買いたい」と確信
　　する段階。　　　（　　　　　　　　）

□(7)　(2)において，実際にお金を支払い，
□　　購入する段階。　（　　　　　　　　）

□(8)　お客と契約を結ぶという意味で使わ
□　　れる言葉。販売では，お客が購入の意
　　思を固め，代金を支払う行動を指す。
　　　　　　　　（　　　　　　　　）

□(9)　商品の在庫を確認し，商品を発注す
□　　る業務。　　　　（　　　　　　　　）

□(10)　欠品商品について，お客に謝罪し，
□　　取り寄せ票を作成して商品を発注する
　　などの業務。　　（　　　　　　　　）

□(11)　店がお客から代金を受け取ったこと
□　　を証明するために発行する書類。
　　　　　　　　　　（　　　　　　　　）

□(12)　相手のことを深く思いやる気持ち
□　　や，相手のことを知り配慮すること，
　　心から思いやって接すること。
　　　　　　　　　　（　　　　　　　　）

□(13)　国内の観光資源を整備して国内外か
□　　ら観光客を誘致し，観光による経済効
　　果をその国を支える基盤の一つとする
　　ことを目指す国のこと。
　　　　　　　　　　（　　　　　　　　）

□(14)　イスラム教の戒律的に正しく食材を
□　　処理した料理。
　　　　　　　　（　　　　　　　　）

4章

接客に関するビジネスマナー

▲アプリは
こちらから

アプリでほかの問題にもチャレンジしてみよう！

memo

1節 コミュニケーションの役割と種類 教科書 p.72〜73

● 要点整理

正答数　　／14問

教科書の内容についてまとめた次の文章の(　　　)にあてはまる語句を書きなさい。

1 コミュニケーションの役割

Check!

教科書 p.72

　ビジネスの場面で，仕事を円滑に進めるために最も大切なのは，職場での(① 　　　　　　　　)である。この(①)を良好に保つために必要とされるのがコミュニケーションである。

　コミュニケーションは(② 　　　　　　　)・(③ 　　　　　　　)・感情をたがいに共有することで成立するが，人と人とのコミュニケーションでは，いつも同じ結果がでるとは限らない。同じことを伝えた場合でも，良好な関係を築いている相手からは好感を持って受け入れられても，そうでない相手からは反感を持たれる場合もある。好感を持たれるには，感情を伝える(④ 　　　　　)や(⑤ 　　　　　　)も大切である。

2 コミュニケーションの種類

Check!

教科書 p.72〜73

　コミュニケーションには，分け方の基準がある。人と人とが直接会って行うコミュニケーションのことを(⑥ 　　　　　　　　　　　)という。(⑥)には，上司からの命令や上司への報告，会議などのほか，受付応対，販売活動などがある。これに対して，印刷物，電子メールやWebページ，テレビなどのメディアを通じたコミュニケーションのことを(⑦ 　　　　　　　　　　)という。

　言語によるコミュニケーションは，(⑧ 　　　　　　　　　　　)と呼ばれ，会話や印刷物，電子メールなどを用いて行われる。同じ内容でも，言葉遣いによって，相手への伝わり方が異なってくるので，ビジネスマナーを踏まえて適切な言葉を使用しなければならない。これに対して，非言語コミュニケーションは，(⑨ 　　　　　　　　　　　)と呼ばれ，身ぶりや手ぶりなどの(⑩ 　　　　　　　　　)，表情や態度などによって行われる。真剣な気持ちや熱意は，表情や態度に表れるものである。例えば，心がこもった挨拶には自然と笑顔がこぼれる。また，相手の話を真剣に聞いていれば，自然とうなずいたりするものである。

　会議や打ち合わせ，プレゼンテーションなど，(⑪ 　　　　　　　)な場面で行われるコミュニケーションを(⑫ 　　　　　　　　)という。これに対して，休憩時の会話や親睦会での会話など，(⑬ 　　　　　　)な場面で行われるコミュニケーションのことを(⑭ 　　　　　　　　)という。

1 次の各文の下線部が正しい場合は○を，誤っている場合は正しい語句を書きなさい。

(1) 間接的コミュニケーションには，上司からの命令や上司への報告，会議などのほか，受付応対，販売活動などがある。

(2) Webページやテレビを利用した広告などは，不特定多数を相手とする大規模なコミュニケーションである。

(3) ノンバーバルコミュニケーションは，会話や印刷物，電子メールなどを用いて行われる。

(4) 身ぶりや手ぶりなどのことをジェスチャーという。

(5) 休憩時の会話や親睦会での会話などは，フォーマルコミュニケーションである。

(1)		(2)	
(3)		(4)	
(5)			

2 次のイラストは「コミュニケーションの種類」をあらわしたものである。□にあてはまる語句を，下のア～エの中から一つずつ選び，記号で答えなさい。

(1) ☐ コミュニケーション

ご結婚のお祝い
でしたら，食器
や調理器具など
が喜ばれますよ。

(2) ☐ コミュニケーション

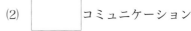
●公式な場面

A社に対抗する
ために，新商品
の開発が必要で
はないでしょうか。

(3) ☐ コミュニケーション

●非公式な場面

今度の週末，
温泉に行く
んですよ。

へぇ。
楽しそう
ですね。

(4) ☐ コミュニケーション

新しいスーツ
が欲しいなぁ。

ア フォーマル　**イ** インフォーマル　**ウ** 直接的　**エ** 間接的

3 コミュニケーションの役割について，「職場」，「人間関係」，「共有」という語を用いて説明しなさい。

2節 ビジネスコミュニケーションの基本 教科書 p.74〜75

● 要点整理 正答数 ／15問

教科書の内容についてまとめた次の文章の（　　　）にあてはまる語句を書きなさい。

Check!

1 コミュニケーションの場面 教科書 p.74

ビジネスにおけるコミュニケーションには，（①　　　　　　）で行われるものと，（②　　　　　　）で行われるものがある。（①）のコミュニケーションは，上司との面談や会議，（③　　　　　　）のプレゼンテーションなどの場面で行われる。（②）のコミュニケーションは，売買の交渉や（④　　　　　　）に向けたプレゼンテーション，店頭販売，苦情対応などの場面で行われる。

Check!

2 ビジネスコミュニケーションの心得 教科書 p.74〜75

ビジネスにおけるコミュニケーションの場面でも，日常生活と同様，あかるく積極的に相手と接するよう心がける。ビジネスの場面では次のような点に注意すると効果的である。

販売業務においては，事前に（⑤　　　　　　）を身につける必要がある。また，会議や交渉，プレゼンテーションの場面では，知識を身につけるだけでなく，事前に資料を収集，整理，分析し，必要に応じて（⑥　　　　　　）などを用意するなど，（⑦　　　　　　）をおこたらない。

ビジネスの場面では，時間は1秒たりとも無駄にできない。用件はポイントをしぼり，（⑧　　　　　　）な言葉で話すように心がける。

相手の話をすべて理解できるとは限らない。後々困ったことにならないように，わからないことは正直に質問し，確認する。そして，内容を忘れないために，（⑨　　　　　　）をとる習慣を身につける。

自分が話す際は論理的な思考，考え方で話すとよい。論理的な思考，考え方には，（⑩　　　　　　）(論理的思考)や（⑪　　　　　　）(批判的思考)などがある。（⑩）とは，複雑な物事を整理して順序立てて考え，（⑫　　　　　　）までの道筋を矛盾なく，（⑧）にわかりやすく示すことである。また，目の前にある事象や情報について，まずはそれが本当に正しいかという（⑬　　　　　　）を持ち，じっくり考察したうえで（⑫）を出すことを（⑪）という。

ビジネスにおいては，論理的な思考や考え方を活用してコミュニケーションをとり，相手を（⑭　　　　　　）し，（⑮　　　　　　）してもらうことが重要である。また，それらを組み合わせて活用することで，より精度の高い（⑫）を導きだすことができる。

正答数 ／10問

1 次の各文の下線部が正しい場合は○を，誤っている場合は正しい語句を書きなさい。

⑴　店頭販売や苦情対応などの場面は，<u>社外</u>のコミュニケーションである。

⑵　より良い人間関係を構築するために，相手を尊重しながら，自分の意見をしっかりと伝えるコミュニケーションの方法を<u>アサーション</u>という。

⑶　複雑な物事を整理して順序立てて考え，結論までの道筋を矛盾なく，簡潔にわかりやすく示すのは<u>既成概念</u>である。

⑷　<u>ロジカルシンキング</u>とは，目の前にある事象や情報について，まずはそれが本当に正しいかという疑問を持ち，じっくり考察したうえで結論を出すことである。

⑸　ラテラルシンキングは，<u>垂直的</u>思考とも呼ばれる。

(1)		(2)		(3)	
(4)		(5)			

2 次のイラストは「コミュニケーションの場面」をあらわしたものである。①～④にあてはまる語句を，下のア～エの中から一つずつ選び，記号で答えなさい。

●上司との面談

①

②
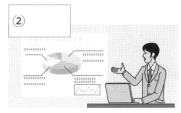
③

④

●苦情対応

　ア　売買の交渉　　イ　会議　　ウ　店頭販売　　エ　社内プレゼンテーション

3 ビジネスコミュニケーションの心得について，「日常生活」，「自分の考え」，「聞き方」という語を用いて説明しなさい。

5章
コミュニケーションの役割と思考方法

51

3節 ビジネスにおける思考方法

教科書 p.76〜79

● 要点整理

正答数 ／36問

教科書の内容についてまとめた次の文章の（　　　）にあてはまる語句を書きなさい。

1 論理的な考え方

教科書 p.76〜77

Check!

大原則や法則などを前提として個別的な結論を導く方法を（①　　　　　　　）という。いわゆる（②　　　　　　　）も（①）である。（①）の特徴は，前提が正しければ必ず（③　　　　　　　）が正しくなることである。そのため，前提となる原則などに関する正確な知識が必要となる。

さまざまな事実や事例などの個別的なデータから（④　　　　　　　）を立て，結論を導く方法を（⑤　　　　　　　）という。（⑤）の特徴は，観察・収集したデータから（⑥　　　　　　　）を導くので，一定以上の（⑦　　　　　　　）や事例の量が必要となることである。しかし，すべての（⑦）や事例を扱うことはできないので，その導き出された推論の（③）が必ずしも正しいとは限らない。

物事や論理を整理するとき，ある部分が重複していたり，逆に抜けてしまったりすることはよくある。この（⑧　　　　　　　）や漏れをできる限りおさえるための基本的な考え方に（⑨　　　　　　　）がある。また，ビジネスでは，社会に存在する課題を解決することが求められる。そのときに，複雑で大きな課題を，よりシンプルで小さな要因に細分化できれば，その要因ごとに解決策を検討することが可能となる。これを（⑩　　　　　　　）といい，この（⑩）を行ううえで最適な切り分けも（⑨）で行うことができる。

2 フレームワーク

教科書 p.78〜79

Check!

フレームワークとは，物事を考えるうえでの（⑪　　　　　　　）のことである。ビジネスにおいては，数多くのフレームワークがあり，目的に応じて使い分けることが重要である。

（⑫　　　　　　　）は，市場を分析し，競合他社に対して（⑬　　　　　　　）ができるように，自社の事業やサービスを位置づけるために活用するフレームワークである。また，その市場における自社の事業やサービスの位置づけのことを（⑭　　　　　　　）という。（⑫）では，顧客が事業やサービスを認識し，判断する際の要因を２つの軸に設定し，競合他社の情報を書き出して整理する。そのうえで，他社と極力重ならずに（⑬）できそうな場所を探し出すことが重要となる。

自社の存続に影響をおよぼすさまざまな要因を，自社を取り巻く(⑮　　　　　　)環境と自社の(⑯　　　　　　　　)環境の双方から整理するためのフレームワークを(⑰　　　　　　　　　　)という。横軸に(⑯)環境と(⑮)環境を，縦軸に(⑱　　　　　　　)面と(⑲　　　　　　　)面を書き出す。(⑯)環境とは，その組織あるいは個人が有する内部要因であり，(⑳　　　　　)・(㉑　　　　　　)である。一方，(⑮)環境とは，その組織あるいは個人を取り巻く外部要因であり，(㉒　　　　　　)・(㉓　　　　　　　)である。(⑰)は，現状の把握だけでなく，さまざまな要因を分類したうえで，戦略の構築や目標の設定などを検討できるため，将来にわたって役立つ，極めて有効な分析手法である。

　複数の独立した事業(商品やサービス)を持つ企業が，どの事業に集中し，集中すべき事業にどのように資源を割り当てるかを検討するためのフレームワークを(㉔　　　　　　)(プロダクト・ポートフォリオ・マネジメント)という。事業を分類するにあたり，ある市場の市場規模を，その前年の市場規模で割って算出する(㉕　　　　　　　)と，ある市場の総売上高に対する個々の企業の商品が占める割合である(㉖　　　　　　)という2つの軸を用いて4つの領域を設け，個々の事業を，問題児，花形，金のなる木，負け犬に分類する。

　・問題児…(㉖)が(㉗　　　　　　)く，儲けも少ない。(㉕)は(㉘　　　　　)いため，赤字であっても「花形」に成長するよう投資を増やして(㉖)の拡大をねらう。

　・花形…(㉕)が高いため，必要な投資が多いが，(㉖)が高いため，投資にあてる(㉙　　　　　　)を自ら稼ぐことができる。現在の(㉖)を(㉚　　　　　　)するか，投資を増やしてシェアを拡大する。

　・金のなる木…(㉕)は低いため，必要な投資は少ない。その一方で(㉖)が高いので，儲けが(㉛　　　　　)い。儲けを維持し，それを他の事業に振り分けるなど，企業の延命策を講じることもできる。

　・負け犬…(㉕)が(㉜　　　　　)く，(㉖)も(㉝　　　　　)く，儲けも(㉞　　　　　)い。縮小・撤退策を検討する。

　ビジネスでは，たとえ今，企業全体が成長しているとしても，それが今後とも持続するとは限らない。そのため，(㉔)を活用し，企業が(㉟　　　　　　)に成長していくために，利益を出しやすい事業，投資が必要な事業を選定し，限りある(㊱　　　　　　)を効率的に投資していくことが重要である。

1 次の各文の下線部が正しい場合は○を，誤っている場合は正しい語句を書きなさい。

⑴ 三段論法は，大前提，小前提の２つの前提から１つの結論を導く方法である。

⑵ 帰納法は，フランシス・ベーコンによって提唱された合理論である。

⑶ MECEは，「相互に重複することなく，全体として要素に漏れがない」という意味である。

⑷ ポジションとは，物事を考えるうえでの枠組みのことである。

⑸ 自社の存続に影響をおよぼすさまざまな要因を整理するためのフレームワークをPPMという。

(1)		(2)		(3)	
(4)		(5)			

2 次のイラストは「PPM」をあらわしたものである。①〜④にあてはまる語句を，下のア〜エの中から一つずつ選び，記号で答えなさい。

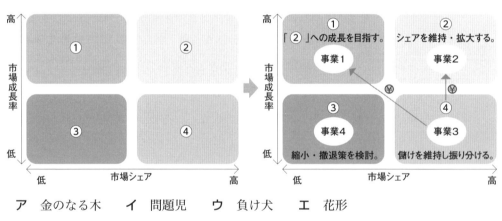

●市場成長率と市場シェアで4つの領域を作る　　　●自社の事業を当てはめて分析する

ア　金のなる木　　イ　問題児　　ウ　負け犬　　エ　花形

①	②	③	④

3 論理的な考え方である演繹法と帰納法の違いについて，それぞれ「前提」と「結論」，「データ」と「仮説」という語を用いて説明しなさい。

4節 ディベート

教科書 p.80〜83

● 要点整理

正答数　　　／15問

教科書の内容についてまとめた次の文章の（　　　）にあてはまる語句を書きなさい。

ディベートとは，特定の論題について肯定側と否定側に分かれて意見を言い合い，論理的な優劣を競うゲームである。ゲームなのでルールがあり，勝敗がつく。

Check!

1 ディベートの方法

教科書 p.80〜81

ディベートの細かいルールや手順は適宜変更してもよい。ここでは一般的な方法を説明する。

ディベートでは，3〜6人の肯定側と否定側の（① 　　　　　　　　　），
（② 　　　　　　　　）を編成する。（②）はジャッジともいう。肯定側と否定側は向き合って座り，（②）は中央にかまえる。

論題が決まったら，（①）は肯定・否定のそれぞれの立場から論題に取り組む。

一般的なディベートの流れと各パートは，教科書p.81の「4　ディベートの流れと各パート」のとおりである。各パートの目的と発言内容は，次のとおりである。

・立論…主張のたたき台となる考えを（③ 　　　　　）とともに説明し，（④ 　　　　　　）
を明確にするパートである。その内容は主に（⑤ 　　　　　），（⑥ 　　　　　），
（⑦ 　　　　　）分析，（⑧ 　　　　　），（⑨ 　　　　　）・デメリットの5つであるが，すべてを言う必要はない。

・尋問…相手の立論に対して質問し，立論で聞き取れなかったことや議論の争点を明確にすることを目的とする。尋問では，自分の意見を述べてはならないので注意する。

・反駁…ディベートは勝敗を競うゲームであるため，両論が並立することはない。そこで，相手の立論をささえる（③）を攻め，相手の（③）の（⑩ 　　　　　　　）を証明することが必要となる。それが反駁である。（⑪ 　　　　　　　）では，相手の批判に反論しないと，その批判を受け入れたとみなされる。また，立論で述べていない新しい議論まで展開してしまうと，（⑫ 　　　　　　）の対象となる。

Check!

2 審判団による判定

教科書 p.82

ディベートでは，審判団が各パートの内容を整理し，肯定側・否定側のどちらがより目的に合っていたか，（⑬ 　　　　　　　）と（⑭ 　　　　　　　　）を果たしたかを判定し，勝敗を決める。審判団は，個人的な考えや感情を捨て，（⑮ 　　　　　）な立場で，論理性に焦点をあてて判定しなければならない。

1 次の各文の下線部が正しい場合は○を，誤っている場合は正しい語句を書きなさい。

⑴ プレゼンターとは，ディベートで発言する人のことである。

⑵ ディベートの審判団は，肯定側にかまえる。

⑶ ディベートの流れは，肯定側の尋問からはじめる。

⑷ 定義とは，相手の立論の論拠を攻め，相手の論拠の欠陥を証明することである。

⑸ 審判団は，立証責任と反証責任を果たしたかなどを判定し，勝敗を決める。

(1)		(2)		(3)	
(4)		(5)			

2 次のイラストは「ディベートの配置図」と「ディベートの流れと各パート」を示したものである。①～④にあてはまる語句を，下のア～エの中から一つずつ選び，記号で答えなさい。

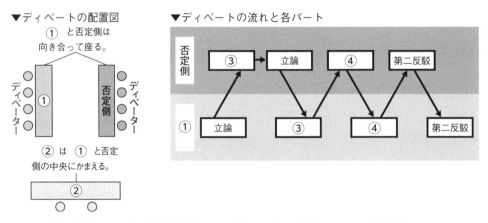

ア 第一反駁　　イ 審判団（ジャッジ）　　ウ 尋問　　エ 肯定側

①	②	③	④

3 ディベートとその他のビジネスコミュニケーションとの違いについて，「ディスカッション」は「勝敗」，「プレゼンテーション」は「説明」，「交渉」は「合意」という語を用いて説明しなさい。

◆ 探究問題

1 職場での人間関係を良好に保つためには，具体的にどのような手立てが考えられるか
を話し合い，書き出してみよう。

2 アサーションの歴史やその意味について調べ，アサーションの効果やメリットについ
て書き出してみよう。

3 ＳＷＯＴ分析を活用して，自分や学校，住んでいる地域を取り巻く状況を調べて分析
してみよう。

4 日本のみならず，世界各国におけるディベートの具体的な事例を調べて書き出してみ
よう。

次の(1)～(17)にあてはまる用語を書きなさい。

(1) ビジネスの場面で，仕事を円滑に進めるために最も大切なもの。
(　　　　　　　　　)

(2) (1)を良好に保つために必要とされるもの。(　　　　　　　　　)

(3) 人と人とが直接会って行うコミュニケーション。
(　　　　　　　　　)

(4) 印刷物やテレビなどのメディアを通じたコミュニケーション。
(　　　　　　　　　)

(5) 会話や印刷物，電子メールなどを用いて行われる言語によるコミュニケーション。
(　　　　　　　　　)

(6) ジェスチャー，表情や態度などによって行われる非言語コミュニケーション。
(　　　　　　　　　)

(7) 会議やプレゼンテーションなど，公式な場面で行われるコミュニケーション。
(　　　　　　　　　)

(8) 休憩時の会話や親睦会での会話など，非公式な場面で行われるコミュニケーション。
(　　　　　　　　　)

(9) 相手を尊重しながら，自分の意見をしっかりと伝えるコミュニケーションの方法。(　　　　　　　　　)

(10) 結論までの道筋を矛盾なく，簡潔にわかりやすく示す論理的思考。
(　　　　　　　　　)

(11) 目の前の事象や情報が本当に正しいかという疑問を持ち，じっくり考察したうえで結論を出す批判的思考。
(　　　　　　　　　)

(12) さまざまな視点・角度から自由に考え，独創的な発想や新しいアイディアを導き出す水平的思考。
(　　　　　　　　　)

(13) 大原則や法則などを前提として個別的な結論を導く方法。
(　　　　　　　　　)

(14) 大前提，小前提の2つの前提から1つの結論を導く(13)のこと。
(　　　　　　　　　)

(15) さまざまな事実や事例などの個別的なデータから仮説を立て，結論を導く方法。(　　　　　　　　　)

(16) 重なりや漏れをできる限りおさえるための基本的な考え方。
(　　　　　　　　　)

(17) 複雑で大きな課題を，よりシンプルで小さな要因に細分化すること。
(　　　　　　　　　)

次の(1)～(19)にあてはまる用語を書きなさい。

(1)　その市場における自社の事業やサービスの位置づけのこと。

（　　　　　　　　　　）

□(2)　競合他社に対して差別化ができるように，自社の事業やサービスを位置づけるために活用するフレームワーク。

（　　　　　　　　　　）

□(3)　自社の存続に影響をおよぼすさまざまな要因を，自社を取り巻く外部環境と自社の内部環境の双方から整理するためのフレームワーク。

（　　　　　　　　　　）

□(4)　(3)で，その組織あるいは個人が有する内部要因。（　　　　　　　）

□(5)　(3)で，その組織あるいは個人を取り巻く外部要因。（　　　　　　）

□(6)　複数の独立した事業を持つ企業が，どの事業に集中し，集中すべき事業にどのように資源を割り当てるかを検討するためのフレームワークのこと。

（　　　　　　　　　　　　）

□(7)　(6)で，市場シェアは低いが，市場成長率は高い領域のこと。

（　　　　　　　　　　）

□(8)　(6)で，市場シェア・市場成長率ともに高い領域のこと。（　　　　　　）

□(9)　(6)で，市場シェアは高いが，市場成長率は低い領域のこと。

（　　　　　　　　　　）

□(10)　(6)で，市場シェア・市場成長率ともに低い領域のこと。（　　　　　　）

□(11)　肯定側と否定側に分かれて意見を言い合い，論理的な優劣を競うゲーム。

（　　　　　　　　　　）

□(12)　(11)で，話し合う特定のテーマ。

（　　　　　　　　　　）

□(13)　(11)で，発言する人。

（　　　　　　　　　　）

□(14)　(11)で，勝敗の判定をくだす人。

（　　　　　　　　　　）

□(15)　(11)で，主張のたたき台となる考えを論拠とともに説明し，論点を明確にするパート。　　（　　　　　　　）

□(16)　(11)で，相手の(15)に対して質問し，(15)で聞き取れなかったことや議論の争点を明確にすることを目的とするパート。　　（　　　　　　　）

□(17)　(11)で，相手の(15)をささえる論拠を攻め，相手の論拠の欠陥を証明するパート。　　（　　　　　　　）

□(18)　(11)で，自分たちの主張の正しさを論理的に証明する責任。

（　　　　　　　　　　）

□(19)　(11)で，相手の主張や批判の欠陥を証明する責任。（　　　　　　）

1節 ディスカッション

教科書 p.84~85

● 要点整理

正答数 ／7問

教科書の内容についてまとめた次の文章の（　　　）にあてはまる語句を書きなさい。

1 ディスカッションとその場面

Check!

教科書 p.84

討論のことを指す（①　　　　　　　　　　）は，社内でアイディアを出し合ったり，ある提案に対して意見を出し合ったりするコミュニケーションの方法である。定例的な（②　　　　　　　　）や，課やグループ単位のミーティングや雑談の場面で行われる。結論を出すことを目的にした（①）もあれば，結論を出さずにアイディアを出し合うことを目的にした（①）もある。

2 効果的なディスカッションの方法

Check!

教科書 p.84~85

ディスカッションを効果的に行うには，次の点に留意するとよい。

・（③　　　　　　　）や論点，ルールを明確にする。

・議論を整理するための（④　　　　　　　）を決める。

・ほかの人の意見に耳を傾ける。意見に対する（⑤　　　　　　　）と人格に対する非難は別であることを自覚し，感情的にならないように気をつける。

・意見は（⑥　　　　　　）から先に述べ，正しく，わかりやすく，感じ良く述べる。

・良い（⑦　　　　　　）をつくる。

▶Step 問題

正答数 ／11問

1 次の各文の内容が正しい場合は○を，誤っている場合は×を書きなさい。

(1) ディスカッションは自由に意見を出し合うものなので，ルールは決めない。

(2) 進行役は，早く議論が終わるように，あまり多くの人が発言せずに済むようにする。

(3) 意見はわかりやすく，結論から述べるとよい。

(4) ディスカッションは，結論を出さずにアイディアを出し合うことを目的としてもよい。

(5) 議論では言いたいことをはっきり言ってもよいが，場の雰囲気を壊さないような配慮も必要である。

(1)		(2)		(3)		(4)		(5)	

2 次のディスカッションに関する説明のうち，最も不適切なものを一つ選び，記号で答えなさい。

(1)

ア　進行役は，特定の人だけが発言しないよう，全員に発言する機会を与えるようにする。

イ　進行役は，論点がずれそうになったら議論の流れを修正したり，論点を明確にするように質問をしたりしてもよい。

ウ　議論では自分の意見を通すことが大切なので，ほかの人の意見は批判できる点がないか注意深く聞く。

エ　自分の意見を主張するときは，結論から先に述べるとよい。

(2)

ア　反対意見を言う場合でも，相手の意見に賛同できる部分や，良い点がないかを考える。

イ　自分の意見に反対された場合，反対意見を言った相手に対して感情的になるのは仕方ないことである。

ウ　議論であれば反対の意見が出るのは当たり前であり，場の雰囲気を壊さないように発言に気をつける。

エ　意見は論理的に，わかりやすく，感じ良く話すようにする。

(1)		(2)	

3 アイディアを出し合うことを目的にしたディスカッションにブレーンストーミングがある。ブレーンストーミングでは自由な意見を出すために，4つのルールがある。そのルールがどのようなものか説明しなさい。

①
②
③
④

2節 プレゼンテーション

教科書 p.86〜87

要点整理

正答数 ／9問

教科書の内容についてまとめた次の文章の(　　　)にあてはまる語句を書きなさい。

Check!

1 プレゼンテーションとその場面

教科書 p.86

(①　　　　　　　　　　　)とは，自分の意見やアイディア，商品を理解し，受け入れてもらうための説明，発表である。(①)の場面には，上司や取引先に対する企画の(②　　　　　　　)，取引先や消費者に対する新商品の(③　　　　　　　)，実演販売などがある。

Check!

2 効果的なプレゼンテーション

教科書 p.86〜87

効果的なプレゼンテーションを行うためには，次の点に留意するとよい。

・聞き手に合わせたプレゼンテーションを行う。また，聞き手が複数いる場合は，発言力や決定権のある(④　　　　　　　　　)が誰なのかを見極め，(④)をターゲットにしたプレゼンテーションを行うよう心がける。

・プレゼンテーションを行う場所や時間など，与えられた条件に合わせた構成を考える。その場にふさわしい(⑤　　　　　　　　　　　)を用いると効果的である。

・(⑥　　　　　　　)を入念に行う。ビジネスにおけるコミュニケーションでは，いずれの場合も(⑥)が大切だがプレゼンテーションでは特に大切である。なぜなら，ほかのコミュニケーションと違い，まずは一方的に説明，発表を行うのがプレゼンテーションだからである。話の展開をよく考え，どうしたら聞き手を引きつけられるか，声の強弱や抑揚，話す速度，話の間の取り方，表情，(⑦　　　　　　　　　)なども意識して準備を行う。

・(⑧　　　　　　)で相手に行動を起こさせる。相手に，採用や購入といった行動を起こしてもらうためには，話し手からにじみ出る(⑧)と真剣さが必要である。

・(⑨　　　　　　)を丁寧に行う。プレゼンテーションでは最後に(⑨)が行われるため，想定される質問にはあらかじめ答えを用意しておく。

1 次の各文の内容が正しい場合は○を，誤っている場合は×を書きなさい。

(1) プレゼンテーションの目的は，企画や商品を受け入れてもらい，採用・購入してもらうことである。

(2) プレゼンテーションツールとは，パソコンを使った画像や映像などのことを指す。

(3) プレゼンテーションでは，時間の制約があるので，大きな声で，できるだけ早く，はっきりと話すことが大切である。

(4) 質疑応答で答えられない質問をされたときは，正直にわからないことを伝えて謝り，すぐに調べて，できるだけ早く連絡するとよい。

(5) プレゼンテーションでは，冷静に落ち着いた様子を見せると説得力が増すので，淡々と話したほうがよい。

(1)		(2)		(3)		(4)		(5)	

2 次のプレゼンテーションに関する説明のうち，最も適切なものを一つ選び，記号で答えなさい。

(1) ア プレゼンテーションは，新商品などを紹介，提案することで相手にしっかりと内容を理解してもらえれば十分である。

　 イ プレゼンテーションでは，スライドなどの見た目が大切なので，凝った内容のものを作ることが一番大切である。

　 ウ プレゼンテーションでは，キーパーソンを見極め，その人をターゲットにしたプレゼンテーションを行うように心がけるとよい。

　 エ 自分のプレゼンテーションで話が完璧に伝わるようにするため，質疑応答はできるだけ避ける。

(2) ア 聞き手の年代や立場，属している組織，知識量，価値観などを考慮し，プレゼンテーションの内容を考えなければいけない。

　 イ 大きな会場でも小さな会場でも伝えたい内容は変わらないので，準備する資料も変える必要はない。

　 ウ 予想外の質問をされた場合，答えがわからなくても，その場を収める必要があるので，自分の知識内で答えられることを答えれば十分である。

　 エ プレゼンテーションに熱が入ってしまい，時間が長くなってしまうのは仕方がないことである。

(1)		(2)	

3節 交渉

教科書 p.88~91

● 要点整理

正答数 ／11問

教科書の内容についてまとめた次の文章の（　　　）にあてはまる語句を書きなさい。

Check!

1 交渉とその場面

教科書 p.88

（①　　　　　　　　）とは，たがいの要求をすり合わせるための話し合いであり，一定の
（②　　　　　　　　）を形成するためのコミュニケーションの方法である。ビジネスの場面で
は，上司との交渉，取引先との商談などがある。

Check!

2 効果的な交渉

教科書 p.88~89

交渉を効果的に進め，たがいが納得できる結果を得るには，次の点に留意する。

・合意を目的とする。交渉では，一人勝ちするのではなく，双方が納得できる結論を導く
必要がある。

・対等に相手を（③　　　　　　　　）する。商談では，たがいが対等な立場とは限らないが，
交渉をする際は対等に，たがいの（④　　　　　　　　）を守らなければならない。

・相手と（⑤　　　　　　　　）を築くことが大切である。相手を信頼し，相手からも信頼
されるためには，相手をよく理解し，良い人間関係を築かなければならない。交渉の場
面で行われる（⑥　　　　　　　　）などを通して，相手に合わせた話題を提供できるよう
にする。

・相手の（⑦　　　　　　　　）をつかみ，その（⑦）を掘り起こす努力をおこたってはならない。

Check!

3 交渉に効果的な話法

教科書 p.90~91

交渉に効果的な話法には次のようなものがある。

（⑧　　　　　　）	商談に入る前に，天候の話や世間話など，別の話題から話を切り出す話し方。
（⑨　　　　　　）	相手が何かたずねてきたとき，相手の質問に簡単に答え，逆にたずね返すことによって，会話を相手中心に進める話し方。
（⑩　　　　　　）	相手の意見に正面から反対するのではなく，さりげなく自分の意見を主張していく話し方。
（⑪　　　　　　）	相手に「ノー」と言わせないために，肯定の二者択一で聞く話し方。

1 次の各文の内容が正しい場合は○を，誤っている場合は×を書きなさい。

(1) 交渉では，自分の意見を通さなくてはいけないため，買い手の立場であればできるだけ優位に立つように強い態度を貫くとよい。

(2) 「できない」と伝える場合も，相手の言い分に理解を示したり，代わりとなる何かを提案したりするなど，誠意が伝わるようにする。

(3) 交渉相手を理解し，よい人間関係を築くためには雑談が有効である。

(4) 相手の必要としているものを提示しなくても，論理的に交渉を重ねていけば合意に至ることもあるので，粘り強く交渉するとよい。

(5) 自分の権限では判断できない条件を提示された場合は，一度持ち帰って上司と相談して答えるとよい。

(1)		(2)		(3)		(4)		(5)	

6章
ビジネスにおけるコミュニケーション

2 次の説明にあてはまる話法を答えなさい。

(1) 相手が結論を出す前に「イエス」と言ったあとの選択肢を二者択一で聞く。

(2) 相手の意見を正面から反対せず，さりげなく自分の意見を主張していく。

(3) 相手の利益につながる話やほめ言葉を使って話を切り出すなど，商談と別の話題から話を切り出す。

(4) 相手の質問には簡単に答え，逆にたずね返すことによって，会話を相手中心に進める。

(1)		(2)	
(3)		(4)	

3 次の交渉に関する説明のうち，最も不適切なものを一つ選び，記号で答えなさい。

ア 交渉は合意形成を目的とするので，双方が納得できる結論を導く。

イ 売り手は弱い立場なので低姿勢を貫き，決して「できない」とは言わない。

ウ 相手の必要としているものをつかむためには，ニーズを掘り起こす努力が必要である。

エ 信頼関係を築くことは交渉の場でも大切であるため，雑談などでたがいのことを知るようにするとよい。

4節 苦情対応

教科書 p.92〜93

要点整理

正答数 ／6問

教科書の内容についてまとめた次の文章の（　　　）にあてはまる語句を書きなさい。

Check!

1 苦情対応の場面

教科書 p.92

ビジネスでは，苦情を受けるときがある。商品そのものに関する苦情のほかに，販売員の態度など（①　　　　　　　）なことがらに関する苦情などもある。

Check!

2 効果的な苦情対応

教科書 p.92〜93

苦情対応では，次の点に留意する。

・「申し訳ございません」などのお詫びとともに，（②　　　　　　　）をもって対応する。

・苦情を受けたら，相手の話に割って入らず，まずは主張を最後まで聞く。商品についての苦情の場合などは，必要に応じて（③　　　　　　　）をとり，相手の主張を正確に聞き取るようにする。

・一人で対応できない内容の苦情に対しては，上司の応援を仰ぐなど，（④　　　　　　　）で対応する。

・苦情を言うほうは，不快な思いを抱えているだけでなく，時間や労力を費やしている。「自分の会社のために助言していただいている」という（⑤　　　　　　　）の気持ちを忘れてはならない。

・今後の商品やサービスに活かせるよう，苦情は社内で（⑥　　　　　　　）する。

▶Step問題

正答数 ／5問

1 次の苦情対応に関する説明のうち，最も適切なものを一つ選び，記号で答えなさい。

(1)

ア　苦情を言っているとき，相手は興奮しているので，話の途中で「○○はされましたか」などと相手の対応などを冷静に確認するとよい。

イ　苦情を受けているときにメモをとることは失礼にあたるので，ひたすら謝ることに専念する。

ウ　苦情を受けた際に，自分で手に負えない内容でも，相手にたらい回しにされていると感じさせないように，一人で対応する。

エ　相手が興奮していて明らかに一人で対処できない場合は，臨機応変に対応する。

⑵

ア 苦情を実際に言ってくる人は悪質なクレーマーなので，言われたらその場をなんとか収めることだけを注意すればよい。

イ 苦情を言うことは決して楽しいことではないので，自分の会社のために苦情を言ってくれたことに感謝する。

ウ 明らかに嫌がらせを目的にした苦情や金銭を要求してくる場合にも，相手は客であるため丁寧な対応を心がける。

エ 個々の苦情を共有しても同じ対応はできないので社内で共有する必要はないが，上司には必ず報告するようにする。

(1)		(2)	

2 次の苦情対応について，誤っていると思う点をそれぞれ書きなさい。 🖊️ 💡

⑴ 誕生日プレゼントとして期日指定で配送を頼んだ商品が期日に届かなかったという苦情に対して，謝るよりも先に，「伝票の控えはございますか？」，「ご指定のお日にちに間違いはございませんか？」とたずねた。

⑵ 自分ではわからない商品の操作方法について，話を聞いたあとに「私ではわかりかねますので，担当者に回します。再度お話いただけますか？」と述べた。

⑶ 1か月以上前に購入し，明らかに外で履いたとわかる靴を，「家で履いてみたらサイズが合わなかったので返品したい」というお客に対し，面倒だったのでそのまま返品に応じ，代金を返金した。

(1)	
(2)	
(3)	

5節 商品説明とワークショップ

教科書 p.94〜95

● 要点整理

正答数 ／13問

教科書の内容についてまとめた次の文章の（　　）にあてはまる語句を書きなさい。

1 商品説明の場面

教科書 p.94

商品説明を行う場面には，店頭，テレビショッピング，ネットショップのWebページなどがある。

2 店頭における効果的な商品説明

教科書 p.94

Check!

店頭における商品説明では，次の点に留意する。

・取扱商品に対する知識はお客によって異なるため，（①　　　　　　　）に合わせた言葉を使う。

・店頭で商品を勧める際には，その商品の（②　　　　　　　　）にしぼって説明する。（③　　　　　　　）広告などで（②）を明示すると効果的である。

・実際に試してもらう。

3 ネットショップにおける商品説明

教科書 p.94〜95

Check!

ネットショップは，（④　　　　　　　　　　）の説明だけでお客に商品の魅力を伝え，購買に誘導しなければならないため，次の点に留意する。

・ネットショップでは，最初に見たページの印象でそのページに留まるか判断されるので，お客が最初に目にするページを工夫するなど，（⑤　　　　　　　　）を大切にする。

・実際の使用場面や，購入者の（⑥　　　　　　　）を載せたりして，（⑦　　　　　　　）をイメージしやすくする。

・サイズや重さなど，商品の（⑧　　　　　　　）を明記する。

・見やすさ，読みやすさを重視する。

4 ワークショップでの商品説明

教科書 p.95

Check!

商品を実際に使ってもらうことで，その良さを知ってもらうための取り組みとして，体験型講座である（⑨　　　　　　　　　）がある。食材や調理器具を使った料理の（⑨）や，文房具や手芸用品を使った工作の（⑨），自分で壁紙を貼ったりする（⑩　　　　　　　）の（⑨）などがある。商品を実際に触ることで商品の良さを直に知ってもらったり，すでに商品を購入済みの客に対する（⑪　　　　　　　　　）としての役割を果たしたりする。さらに商品や店の（⑫　　　　　　　）になるだけでなく，参加者から店や商品に対する意見を聞くことができたり，（⑬　　　　　　　　）を獲得できたりするなどのメリットもある。

▶Step 問題

1 次の各文の内容が正しい場合は○を，誤っている場合は×を書きなさい。

(1) 店頭における商品説明では，生産者が商品に込めた思いを伝えなければいけないので，相手に合わせて内容を変えないほうがよい。

(2) 店頭では試食や試着などをしてもらい，商品の良さを直に体験してもらうのがよい。

(3) ネットショップでは詳細な説明をしないと伝わらない部分があるので，文字数が多いページが好まれる。

(4) ネットショップのレビューは良い評価ばかりではないが，消費者のリアルな声が安心感を与え，使用イメージが伝わりやすいので載せるほうがよい。

(5) ワークショップの目的は，商品の魅力を伝え，商品を購入してもらうことであるので，新規顧客のみを対象とすればよい。

(1)		(2)		(3)		(4)		(5)	

2 次の商品説明とワークショップに関する説明のうち，最も不適切なものを一つ選び，記号で答えなさい。

ア 店頭の商品説明では，長く説明するよりセールスポイントにしばって説明するとよい。

イ ネットショップのWebページでは，商品の魅力が伝わる写真などをメインにセールスポイントをしぼり，その先の説明を見たいと思わせるよう工夫する。

ウ ネットショップの商品説明では，欠点はできるだけふせ，セールスポイントを強調する。

エ ワークショップでは，講師が一方的に説明するのではなく，参加者にも主体的に意見交換をしたり，質問してもらったりするとよい。

3 ワークショップを行う店側のメリットをあげなさい。

6節 ソーシャルメディアを活用した情報発信

教科書 p.96~97

● 要点整理

正答数 　／15問

教科書の内容についてまとめた次の文章の（　　　）にあてはまる語句を書きなさい。

1 ソーシャルメディアの特徴

教科書 p.96

Check!

スマートフォンが普及し，SNSをはじめとした（① 　　　　　　　　　　　　）の利用者が増えたことにより，企業が行う情報発信では（①）の存在感が増している。（①）では，受信者は，伝達者，発信者でもあり，受信者によって情報が（② 　　　　　　）されていく点に特徴がある。企業は（①）を活用することにより，（③ 　　　　　　　　）で情報発信ができるだけでなく，消費者の意見や反応を直に受け取ることができる。

2 ソーシャルメディアによる情報発信

教科書 p.96~97

Check!

ソーシャルメディアによる情報発信において，企業はソーシャルメディアを消費者との（④ 　　　　　　　　　　　　）の場と考え，消費者の共感を得ることや親近感を持ってもらうことを重視する。ソーシャルメディアによる情報発信では，企業や商品の（⑤ 　　　　　　　）を向上させたり，SNSでクーポンを配布することなどで（⑥ 　　　　　　　　）をしたり，商品に対する要望や意見など消費者の声をダイレクトに聞くことで（⑦ 　　　　　　　　）に繋げたり，（⑧ 　　　　　　）のサポートができるといった効果が期待できる。

どのようなソーシャルメディアを用いるかは，自社の（⑧）タイプや，商品やサービスの特性に合わせて選択する。

企業がソーシャルメディアを用いることのリスクとして，企業が公式に利用する（⑨ 　　　　　　　　　　　）で誤った情報や，不快感を与える情報を投稿することで，信用を失ってしまうことなどがある。また，店舗で働く店員の対応によって，企業や商品に対する批判が広がってしまう可能性や，社員が個人でSNSに投稿した内容について，企業が批判されることもある。ソーシャルメディアには，負の情報も瞬時に拡散されてしまい，企業への（⑩ 　　　　　　　　）を失墜させてしまうリスクがあることを忘れてはならない。

社員としてソーシャルメディアを用いる場合，会社の（⑪ 　　　　　　　　　　　）を遵守するほか，次の点に注意する。

・法令を遵守し，（⑫ 　　　　　　　　）の流出や肖像権・（⑬ 　　　　　　　　）の侵害をしない。

・投稿する内容は会社を代表した意見・姿勢と思われることを認識する。

・社内に（⑭〔　　　　　　　　　　〕）がある場合は，許可された内容を投稿する。

・1日の投稿数やコメントへの（⑮〔　　　　　　　　　　〕）を決め，投稿者を公平に扱う。

1 次の各文の内容が正しい場合は○を，誤っている場合は×を書きなさい。

(1) テレビや新聞などのメディアと異なり，ソーシャルメディアでは情報の発信・受信が双方向である。

(2) 企業はソーシャルメディアを商品PRのツールとして用いており，消費者とのコミュニケーションはあまり重視していない。

(3) 自社の顧客タイプや，商品やサービスの特性に合わせて，企業は最適なソーシャルメディアを選択している。

(4) 社員が個人的にSNSに投稿した内容で企業が批判されることもある。

(5) ソーシャルメディアでは投稿する記事の内容をチェックするとスピード感が失われ，ソーシャルメディアの特性を活かせないため，内容の正確性はあまり重視しない。

(1)		(2)		(3)		(4)		(5)	

2 次の説明にあてはまる語句を答えなさい。

(1) インターネット上で，誰もが情報の発信・受信を双方向でできるメディア。

(2) ソーシャルネットワーキングサービスの総称で，Web上で人と人との繋がりを結びつけるサービス。

(3) 企業などがSNSを公式に利用する際のアカウント。

(4) 仕事を進めるうえでの，指針・ルール・マナー。

(5) 文芸や美術，音楽，写真などといった著作物を保護する権利。

(1)		(2)		(3)	
(4)		(5)			

3 企業がソーシャルメディアで発信を行う場合の効果とリスクをあげなさい。

1 次のソーシャルメディアの特徴をまとめてみよう。

ソーシャルメディア	特徴
Twitter	
LINE	
Instagram	
Facebook	

2 従来のマスメディア(テレビ・新聞・ラジオ・雑誌)を用いた情報発信と比べ、ソーシャルメディアの情報発信が優れている点は何か書いてみよう。

3 自分が公式アカウントをフォローしている企業をあげ、なぜフォローしているのかその魅力をあげてみよう。

> 企業
>
> 魅力

4 ソーシャルメディアを用いて商品開発をしたり、企業や商品のファンを作ったりしている企業を調べ、どのような取り組みをしているか書いてみよう。

> 企業
>
> 取り組み

次の⑴〜⒆にあてはまる用語を書きなさい。

⑴　討論のことで，社内でアイディアを出し合うなどのコミュニケーションの方法。　（　　　　　　　　　　）

⑵　批判禁止，アイディアは質より量などのルールの下に行う，参加者が自由に意見を出し合う形式の会議。
（　　　　　　　　　　）

⑶　自分の意見やアイディア，商品を理解し，受け入れてもらうための説明，発表。　（　　　　　　　　　　）

⑷　配付資料，パソコンを使った画像や映像など，⑶を視覚的に補助するもの。
（　　　　　　　　　　）

⑸　発言力や決定権のある人のこと。
（　　　　　　　　　　）

⑹　相手と視線を合わせること。
（　　　　　　　　　　）

⑺　たがいの要求をすり合わせるための話し合いであり，一定の合意を目的とするコミュニケーションの方法。
（　　　　　　　　　　）

⑻　話の主題とは関係のない気楽な話。
（　　　　　　　　　　）

⑼　必要だと思ったり，欲しいと思ったりする気持ちのこと。（　　　　　　）

⑽　天候の話や世間話など，別の話題から話を切り出す話し方。
（　　　　　　　　　　）

⑾　相手が何かたずねてきたとき，相手の質問に簡単に答え，逆に聞き返すことによって，会話を相手中心に進める話し方。　（　　　　　　　　　　）

⑿　相手の意見に正面から反対するのではなく，さりげなく自分の意見を主張していく話し方。
（　　　　　　　　　　）

⒀　相手に「ノー」と言わせないために，「イエス」と言ったあとの二つの選択肢で聞く話し方。
（　　　　　　　　　　）

⒁　購買時点となる売り場での広告。
（　　　　　　　　　　）

⒂　体験型講座のことで，参加者自身が体験したりすることで知識や技術，操作方法を学ぶもの。
（　　　　　　　　　　）

⒃　工具や材料をそろえて，自分自身で家具を組み立てたり，家の修繕を行ったりすること。　（　　　　　　　　）

⒄　インターネット上で，誰もが情報の発信・受信を双方向でできるメディア。
（　　　　　　　　　　）

⒅　ソーシャルネットワーキングサービスの総称。　　　（　　　　　　　　）

⒆　企業などが⒅を公式に利用する際のアカウント。
（　　　　　　　　　　）

▲アプリはこちらから

アプリでほかの問題にもチャレンジしてみよう！

1節 会議

教科書 p.100〜105

● 要点整理

正答数 ／35問

教科書の内容についてまとめた次の文章の（　　　）にあてはまる語句を書きなさい。

1 会議の目的と種類

教科書 p.100〜101

Check!

会議では特定の（①　　　　　　　）について，審議や採決を行う。その目的は，情報の整理や意見の交換，討議，検討によって意見を集約して，（②　　　　　　　）をすることなどである。

企業で開催される重要な会議には，次のようなものがある。

【1】株主総会　株主総会は，株主が会社の運営に関する基本事項を決める会社の（③　　　　　　　）である。総会には，（④　　　　　　　）と（⑤　　　　　　　）がある。（④）は年（⑥　　　）回以上開催され，（⑤）は必要に応じて開催される。

【2】取締役会　株主総会によって選任された取締役により構成され，株主の委任を受けて，会社の経営に関する基本方針を決定する。取締役の任期は，原則として（⑦　　　　　）年である。

【3】常務会　取締役のなかで，会社を代表して業務を遂行する取締役のことを（⑧　　　　　　　）という。通常，（⑨　　　　　　　）がこれに該当し，ほかに副社長，（⑩　　　　　　　），（⑪　　　　　　　）など，役職つきの取締役を置く場合が多い。これらのメンバーで構成される常務会は，経営に関する重要事項を話し合う機関である。役員会・（⑫　　　　　　　）・経営会議などと呼ばれる場合もある。

会議の形式には，次のようなものがある。

【1】（⑬　　　　　　　）20人程度の人数で，自由に発言を行う形式の会議である。

【2】パネルディスカッション　異なった意見を持つ数人の（⑭　　　　　　　）（発言者）が発表したあと，参加者と（⑭）が（⑮　　　　　　　）を行う形式の会議である。

【3】（⑯　　　　　　　）立場の異なる数人の専門家がテーマについての講演を行ったあと，参加者と専門家が（⑮）を行う形式の会議である。

【4】フォーラム　おもに（⑰　　　　　　　）の高い問題について，多くの人が意見を出し合う形式の会議である。（⑱　　　　　　　）や座談会とも呼ばれる。

【5】（⑲　　　　　　　）はじめに全体を5〜6人の小さなグループに分けて議論を行い，グループごとに意見をまとめて代表者が発表する形式の会議である。

【6】（⑳〔　　　　　　　　　　　　　　〕）　参加者が自由に意見を出し合う形式の会議であり，アイディア会議などで利用される。次の4つのルールを守り，全員参加型で進めていく。

・（㉑〔　　　　　　　　　　　〕）……他人のアイディアを批判しない。

・（㉒〔　　　　　　　　　　　〕）……（㉒）なアイディアを尊重する。

・（㉓〔　　　　　　　　　　　〕）……アイディアは（㉓）。

・（㉔〔　　　　　　　　　　　〕）……他人のアイディアに便乗し発展させる。

また，会議室での席次は，一般的に（㉕〔　　　　　　　　〕）あるいは最も（㉖〔　　　　　　　〕）の高い人が中央の席に座り，その席に近い順に（㉗〔　　　　　　　〕）となる。

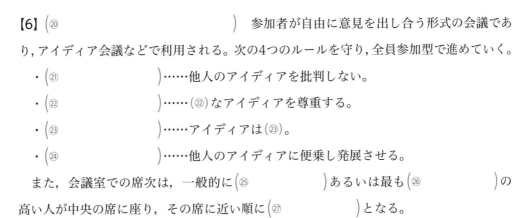

② 会議の基本的な流れ

教科書 p.102

Check!

　会議が成功するかはどれだけ準備ができていたかによって決まる。また，会議中や会議終了後の業務も重要である。

③ 会場設営

教科書 p.103

Check!

　会場設営時には，会議の目的や参加人数，会場の広さによって机や椅子の配置を考える。

【1】（㉘〔　　　　　　　〕）型　たがいの顔が見えるので，意見交換がしやすい。20人程度までの会議に適している。

【2】（㉙〔　　　　　　　〕）型　多人数での会議に適している。中央にあきをつくって，（㉙）型に机を並べる配置である。

【3】（㉚〔　　　　　　〕）型・（㉛〔　　　　　　〕）型　研修会やプレゼンテーションなどに適している。参加者から，発表者やスクリーンを見やすくする配置である。

【4】（㉜〔　　　　　　〕）型　株主総会や参加者の多い講演会など，おもに情報伝達を目的とする連絡会議などに用いる。学校の教室のように，机を前方に向けて並べる配置である。

【5】（㉝〔　　　　　　　　〕）型　パネルディスカッション，シンポジウムで用いられる配置である。

④ 議事の進め方

教科書 p.104

Check!

　議長（司会者）の技量は，会議の進行や成果を大きく左右する。また，会議は原則として（㉞〔　　　　　〕）時間以内で終了することを意識するとよい。

⑤ メモと議事録の作成

教科書 p.105

Check!

　（㉟〔　　　　　　　　〕）は，会議の経過と決定事項，討議内容の概要をまとめたもので，その会議の記録である。まずは，ノートなどに議事の内容をメモしておき，会議終了後，このメモを見ながら（㉟）を作成して参加者に配付する。

正答数 　　／10問

1 次の各文の下線部が正しい場合は○を，誤っている場合は正しい語句を書きなさい。

(1) <u>代表取締役</u>という名称以外は会社法に定められた名称ではなく，企業で独自につけてよい名称である。

(2) <u>シンポジウム</u>は，おもに公共性の高い問題について，多くの人が意見を出し合う会議である。

(3) 会議の開催は，遅くとも<u>1週間前</u>までには通知する。

(4) 座席の配置で，たがいの顔が見えるので，意見交換がしやすいのは<u>教室型</u>である。

(5) <u>メモ</u>は，会議の経過と決定事項，討議内容の概要をまとめたもので，その会議の記録である。

(1)		(2)		(3)	
(4)		(5)			

2 次のイラストは「会議の座席の配置」を示したものである。□□□にあてはまる語句を，下のア～エの中から一つずつ選び，記号で答えなさい。

(1) [　　　]　　(2) [　　　]　　(3) [　　　]　　(4) [　　　]

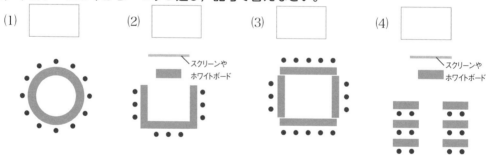

ア　コの字型　　イ　ロの字型　　ウ　教室型　　エ　円卓型

3 議長は議事をどのように進めたらよいか，「公正・中立」，「調整」，「2時間」という語を用いて説明しなさい。

②節 文書におけるコミュニケーション(1) 教科書 p.106〜112

● 要点整理

正答数 ／40問

教科書の内容についてまとめた次の文章の( )にあてはまる語句を書きなさい。

Check!

企業では，文書を通して情報の伝達が行われる。これを(①)という。

1 文書の種類と内容

教科書 p.106〜107

文書には，(②)とビジネス文書がある。

ビジネス文書は，形式によって(③)と(④)に分けることができる。それぞれに(⑤)と(⑥)とがあり，このビジネス文書を扱う業務を(⑦)という。このうち(⑤)は，(⑧)と(⑨)に分けられる。(⑧)は取引に直接かかわりはないが，企業間の支援に必要なものであり，業務を間接的に支援している。(⑨)は直接業務にかかわる文書である。

ビジネス文書を作成するときは，次の点に留意する。

【1】一目でわかる(⑩)をつける　用件が一目で理解できるようにする。

【2】(⑪)を先に書く　ビジネス文書では，まず伝えるべきことから書く。

【3】(⑫)の活用　内容の正確さを確認するために活用する。

【4】漢字　原則として(⑬)を用いるが，地名・人名その他の(⑭)などは，そのままの文字を使用する。

【5】数字の使い分け　横書きには(⑮)を，縦書きには漢数字を用いる。

【6】意味を誤りやすい用語に気をつける　「以上」と「以下」など。

【7】(⑯)を正しく使う　尊敬語と謙譲語を混同して使用しないようにする。

【8】(⑰)　一文が短くなるよう工夫する。

【9】簡潔主義　口語体を使用する。相手に伝えたい内容を(⑱)にする。

【10】(⑲)　一つの文書には，一つの用件だけを書く。

2 社外文書の書き方

教科書 p.108〜109

Check!

・前付け

【1】(⑳)　ほかの文書と区別するために右上につける。

【2】(㉑)　(⑳)の下に記入する。

【3】(㉒)・敬称　宛先の会社名，職名，氏名などを書く。また，敬称は受信者が個人であるか組織であるかによって異なる。

【4】(㉓　　　　　　　　)・押印　(㉒)の次の行に，右寄せで書き，押印する。

・本文

【1】(㉔　　　　　　　)　文書の内容を短く表現したものを行の中央に書く。

【2】(㉕　　　　　　　)　話し言葉の「こんにちは」「はじめまして」にあたる。

【3】(㉖　　　　　　　)　用件に入る前の儀礼的な挨拶文である。

【4】(㉗　　　　　　　)　用件を伝える一番大切な箇所である。簡潔にまとめて書く。

【5】(㉘　　　　　　　)　本文を締めくくる終わりの挨拶である。

【6】(㉙　　　　　　　)　話し言葉の「さようなら」にあたる。

【7】(㉚　　　　　　　)　主文から項目化できるものを取り出して，本文の下に簡潔に書く。

・後付け(付記)

【1】(㉛　　　　　　　　　)(追伸)　本文中に入れる内容ではないが，相手に留意してほしい事柄を書く。行を改める。

【2】(㉜　　　　　　　　)　同封する書類をまとめて書く。次の行に右寄せで「以上」と書く。

【3】(㉝　　　　　　　　)　担当者の名前と，電話やFAX番号などを書く。

☺ ③ 社内文書の書き方

教科書 p.109

Check!

社内文書は社外文書とは異なり，(㉞　　　　　　　　)な配慮はほとんど必要なく，(㉟　　　　　　　　　)に書くものである。そのため，様式化・略式化し，仕事の(㊱　　　　　　　)を図るような工夫が大切である。

☺ ④ 社外文書の作成

教科書 p.110〜111

Check!

社交文書の一つである(㊲　　　　　　　　)は，新しい商品の発表会・展示会・説明会など，主に宣伝を目的とした催しを知らせるために出される。また，取引文書の一つである(㊳　　　　　　　　)は，資料の送付，見積もりや販売，そのほか相手からの便宜の供与や協力を得ることを目的として出される。

☺ ⑤ 社内文書の作成

教科書 p.112

Check!

社内文書の一つである(㊴　　　　　　　　)(伺い書・稟議書)は，その案件を実施してよいかを，決定権を持つ上司にたずね，(㊵　　　　　　　)を得るための文書である。誰の決裁を必要とするかは，案件によって異なる。(㊴)は関連する部署に回覧して，異議がなければ印鑑を押してもらう。

1 次の各文の下線部が正しい場合は○を，誤っている場合は正しい語句を書きなさい。

⑴　帳簿や伝票など記入する形式が一定しているものを<u>通信文書</u>という。

⑵　社外文書では，個人宛てには「様」，企業・団体宛てには「<u>御中</u>」の敬称を用いる。

⑶　文書中に数を表記する場合は，横書きには<u>算用数字</u>を用いる。

⑷　一つの文書には一つの用件だけを書くことを，<u>箇条書き</u>という。

⑸　その案件を実施してよいかを，決定権を持つ上司にたずね，承認を得るための<u>報告書</u>は，社内文書の一つである。

(1)		(2)		(3)	
(4)		(5)			

2 それぞれの月の異名を書きなさい。

1月	⑴	7月	⑺
2月	⑵	8月	⑻
3月	⑶	9月	⑼
4月	⑷	10月	⑽
5月	⑸	11月	⑾
6月	⑹	12月	⑿

3 社内文書の書き方の工夫と特徴について，「儀礼的」，「帳票」という語を用いて説明しなさい。

2節 文書におけるコミュニケーション⑵

教科書 p.113〜116

● 要点整理

正答数　　／28問

教科書の内容についてまとめた次の文章の（　　　）にあてはまる語句を書きなさい。

Check!

6 電子メールの利用

教科書 p.113

電子メール（e-mail）は，インターネットなどのコンピュータネットワークを通して，（①　　　　　　　　　）を送受信するシステムである。（②　　　　　　　　）（情報通信技術）の進展により，現在ではビジネス文書のやり取りを電子メールで行う場合も多い。

電子メール作成時の留意点には，次のようなものがある。

【1】（③　　　　　　　　）と（④　　　　　　　　）を使い分ける　（③）のメールアドレスは受信者全員に表示されるが，（④）のメールアドレスはほかの受信者には表示されない。

【2】使用する文字に気をつける　（⑤　　　　　　　　）や㈱などの（⑥　　　　　　　　）などは，すべてのコンピュータで表示できるとは限らないので，なるべく使わないようにする。

【3】ウィルス対策を行う　メールからコンピュータウィルスに感染する場合も多い。（⑦　　　　　　　　　　）は必ず最新のものにしておく。

7 はがき

教科書 p.114

はがきには，通常はがきや（⑧　　　　　　・　　　　），くじ引番号付き郵便はがき（年賀はがき・かもめ〜る），エコーはがき（広告入りはがき），私製はがきなどがある。

8 封筒

教科書 p.115

郵便局で手紙を差し出すと，（⑨　　　　　　　　　　）として扱われる。

【1】（⑩　　　　　　　　）重さは50gまで。大きさは，最小「横9cm×縦14cm」，最大「横12cm×縦23.5cm×厚さ1cm」である。

【2】（⑪　　　　　　　　）（⑩）以外の大きさの郵便物。（⑩）と（⑪）の料金は異なる。重さは4kgまでの取り扱いで，大きさにも制限がある。

【3】郵便料金　（⑩）は（⑫　　　　）gまでの重さなら84円（（⑫）gを超え（⑬　　　　）gまでは94円），（⑪）は（⑬）gまでなら120円である。（⑭　　　　　）kgまでの取り扱いで，重さにより料金が異なる。

9 郵便物のサービス

教科書 p.116

郵便物の主なオプションサービス（特殊取り扱い）には，次のようなものがある。

【1】（⑮　　　　　）急ぎの文書は（⑮）にする。通常郵便物の料金と（⑮）料金が必要となるが，通常郵便物より速やかに配達が行われる。郵便ポストに投函する場合は，封筒表

面の右上部(横長のときは右側部)に(⑯)を入れる。封筒の左側に「(⑮)」と書くこともある。

【2】(⑰) 重要な文書や書類を送る場合に利用する。郵便ポストに投函せず，郵便局の(⑱)で手続きをする。その際，(⑲)がもらえるため，相手方に郵便物が届かなければ，(⑳)の請求ができる。

【3】(㉑) 一般書留郵便物に限り，郵便局が配達した事実を証明するもの。

【4】(㉒) いつ，誰に，どんな内容の文書を出したかを証明するもの。

　郵便物を大量に発信する際のサービスには，次のようなものがある。

①料金別納　同じ料金の郵便物を(㉓)通以上まとめて出すときに，(㉔)などで封筒に「料金別納」と表示しておけば，切手を貼らずに，料金をまとめて支払うことができるサービスである。

②料金後納　月に(㉕)通以上の郵便物を出す場合，封筒に「料金後納」と表示しておけば，切手を貼らずに，発送した(㉖)までにその月の料金をまとめて支払うことができるサービスである。事前に郵便局の承認が必要である。

③料金受取人払い　(㉗)や封筒に「料金受取人払い」の表示をし，受取人が返信された郵便物を受け取ったときに料金を支払うサービスである。相手が返信するときには切手を貼る必要がなく，注文書や(㉘)の返信などに数多く利用されている。事前に郵便局の承認が必要である。

▶Step 問題

正答数　　／10問

1 次の各文の下線部が正しい場合は○を，誤っている場合は正しい語句を書きなさい。

(1) 電子メールにはメールソフトを利用するものと，ブラウザを利用するWebメールがある。

(2) Bccのメールアドレスは，受信者全員に表示される。

(3) はがきの表面などにある，切手に類似する図柄が印刷されている四角形の部分のことを外脇付けという。

(4) 封筒の裏の封じ目は，テープやステープラなどではなく，のりで貼り付ける。

(5) いつ，誰に，どんな内容の文書を出したかを証明するものを配達証明という。

(1)		(2)	
(3)		(4)	
(5)			

2 次のイラストは「電子メールの書き方とポイント」をあらわしたものである。①〜④に
あてはまる語句を，下のア〜エの中から一つずつ選び，記号で答えなさい。

ア Bcc　　イ 署名　　ウ 本文　　エ 宛先

①	②	③	④

3 封筒の種類と料金に関して，「定形郵便物」，「定形外郵便物」の違いを説明しなさい。

◆ 探究問題

1 企業における取締役の名称のつけ方について，いろいろな企業を調べ，その違いを書き出してみよう。

2 オンラインでの会議を実施する場合，用意すべきものや注意すべき点を調べ，書き出してみよう。

3 さまざまなはがきの種類について調べ，料金や利用目的，形状，特典などを書き出してみよう。

4 郵便物のサービスについて，オプションサービスや大量に発信する際のサービスには教科書の例以外にどんなものがあるかを調べ，書き出してみよう。

次の(1)〜(17)にあてはまる用語を書きなさい。

□1回目
□2回目
(1) 株主が会社の運営に関する基本事項を決める会社の最高意思決定機関。

（　　　　　　　）

□
□
(2) 企業の業務執行に関する意思決定や監督を行う人。（　　　　　　　）

□
□
(3) 株主総会によって選任された(2)により構成され，株主の委任を受けて，会社の経営に関する基本方針を決定する機関。（　　　　　　　）

□
□
(4) (2)の中で，会社を代表して業務を遂行する人のこと。

（　　　　　　　）

□
□
(5) 役員会・重役会・経営会議などと呼ばれ，経営に関する重要事項を話し合う機関。（　　　　　　　）

□
□
(6) 20人程度の人数で，自由に発言を行う形式の会議。（　　　　　　　）

□
□
(7) 異なった意見を持つ数人のパネラー(発言者)が発表したあと，参加者とパネラーが質疑応答を行う形式の会議。

（　　　　　　　）

□
□
(8) 立場の異なる数人の専門家がテーマについての講演を行ったあと，参加者と専門家が質疑応答を行う形式の会議。（　　　　　　　）

□
□
(9) おもに公共性の高い問題について，多くの人が意見を出し合う形式の会議。公開討論会や座談会とも呼ばれる。（　　　　　　　）

□
□
(10) はじめに全体を5〜6人の小さなグループに分けて議論を行い，グループごとに意見をまとめて代表者が発表する形式の会議。

（　　　　　　　）

□
□
(11) 4つのルールを守り，参加者が自由に意見を出し合う形式の会議。

（　　　　　　　）

□
□
(12) たがいの顔が見えるので，意見交換がしやすく，20人程度までの会議に適している座席の配置。

（　　　　　　　）

□
□
(13) 多人数での会議に適しており，中央にあきをつくって，机を並べる座席の配置。（　　　　　　　）

□
□
(14) 研修会やプレゼンテーションなどに適しており，参加者から発表者やスクリーンを見やすくする座席の配置。

（　　　　　　　）

□
□
(15) 株主総会や参加者の多い講演会など，おもに情報伝達を目的とする連絡会議などに用いる座席の配置。

（　　　　　　　）

□
□
(16) パネルディスカッション，シンポジウムで用いられる座席の配置。

（　　　　　　　）

□
□
(17) 会議の経過と決定事項，討議内容の概要をまとめたもので，その会議の記録。（　　　　　　　）

次の(1)～(22)にあてはまる用語を書きなさい。

1回目 □
2回目 □
(1) 誤解が生じないよう，文書を通して情報の伝達が行われること。
（　　　　　　　　）

□ (2) 会社の意思を伝えるものなので，私的な感情などは入れず，一般的なルールに従って作成するもの。
（　　　　　　　　）

□ (3) 一般文書ともいわれるビジネス文書。
（　　　　　　　　）

□ (4) 帳簿や伝票など記入する形式が一定しているビジネス文書。
（　　　　　　　　）

□ (5) 取引に直接かかわりはないが，企業間の支援に必要であり，業務を間接的に支援している文書。
（　　　　　　　　）

□ (6) 直接業務にかかわる文書。
（　　　　　　　　）

□ (7) ビジネス文書を扱う業務全体のこと。
（　　　　　　　　）

□ (8) 新聞や雑誌など，一般の社会生活においての使用の目安となる漢字。
（　　　　　　　　）

□ (9) アラビア数字ともいわれ，横書きに用いる数字。
（　　　　　　　　）

□ (10) 縦書きに用いる数字のこと。
（　　　　　　　　）

□ (11) 一文が短くなるよう工夫すること。
（　　　　　　　　）

□ (12) 要点を明確にするため箇条書きを利用すること。
（　　　　　　　　）

□ (13) 一つの文書には，一つの用件だけを書くこと。
（　　　　　　　　）

□ (14) 文書番号から発信者名・押印までで構成される社外文書の前段部分。
（　　　　　　　　）

□ (15) 件名から別記までで構成される社外文書の中段部分。
（　　　　　　　　）

□ (16) 追って書き(追伸)から担当者名までで構成される社外文書の下段部分。
（　　　　　　　　）

□ (17) インターネットなどのコンピュータネットワークを通してメッセージを送受信するシステム。
（　　　　　　　　）

□ (18) はがきの表面などにある，切手に類似する図柄が印刷されている四角形の部分。
（　　　　　　　　）

□ (19) 封筒の表に書く「親展」や「○○在中」などの記述。
（　　　　　　　　）

□ (20) 急ぎの文書を送るときに利用する郵便サービス。
（　　　　　　　　）

□ (21) 重要な文書や書類を送る場合に利用する郵便サービス。
（　　　　　　　　）

□ (22) 配達した事実を証明する郵便サービス。
（　　　　　　　　）

□ (23) いつ，誰に，どんな内容の文書を出したかを証明する郵便サービス。
（　　　　　　　　）

7章

コミュニケーションとビジネススキル

▲アプリはこちらから

アプリでほかの問題にもチャレンジしてみよう！

1節 国内での接客

教科書 p.124〜135

● 要点整理

正答数　　　／24問

教科書の音声データや，日本語の会話文を参考に，英文を完成させなさい。

Check!

1 電話でのアポイントメントを受ける

教科書 p.124〜125

美雪の会社(Kimono Upcycling)のホームページを見て，問い合わせのメールをくれたBruce Westさんが日本にやってきて，美雪に電話をかけてきた。

Miyuki　●Hello, this is Kimono Upcycling. How can I help you?
こんにちは、着物アップサイクリングです。　　　　　　　どのようなご用件でしょうか。

Bruce　●Hello, my name is Bruce West. May I (①　　　　　　　) to Miyuki
こんにちは、ブルース・ウエストと申します。　　　　藤本美雪さんとお話できますか。
Fujimoto?

Miyuki　●Oh, Mr. West. I'm (②　　　　　　　).
ああ、ウエストさんですね。　私が藤本です。

Bruce　●Hello, Ms. Fujimoto. I've just arrived at my hotel.
こんにちは、藤本さん。　今ホテルに到着しました。

Miyuki　●Would you like me to pick you up at your hotel? Or would you like to
ホテルまでお迎えにあがりましょうか、それとも私たちの会社までいらっしゃいますか。
come and visit our company?

Bruce　●I'd (③　　　　　　　) to visit your company. My hotel is pretty close to
御社まで伺います。　　　　　　　　　　　　　私のホテルは御社のすぐ近くです。
your office. So, how about two o'clock?
そうですね、2時はいかがですか。

Miyuki　●That's perfect. See you in a minute.
ちょうどいい時間です。　では、のちほど。

2 受付での会話

教科書 p.126〜127

Check!

Bruce Westさんが美雪の会社にやってきた。受付で美雪を呼び出している。

Receptionist　●Good afternoon. May I help you?
こんにちは。　　　どのようなご用件でしょうか。

Bruce　●Yes, I have an (④　　　　　　　) with Miyuki Fujimoto at
藤本美雪さんと2時にお約束しています。
two o'clock. I am Bruce West of ABC Company.
　　　　　　　　私はABC社のブルース・ウエストと申します。

Receptionist　●Mr. West. Just a moment, please.
ウエストさんですね。少々お待ちください。
(Calling to Miyuki)
(美雪に電話する)
Ms. Fujimoto? This is Okamoto speaking. Mr. Bruce West is now at
藤本さんですか。　　　受付の岡本です。　　　　　　　ブルース・ウエストさんが受付にみえています。
the reception desk. Shall I (⑤　　　　　　　) him in or would you
私のほうでお通ししましょうか、それとも藤本さんがおりていらっしゃいますか。
come down?

Miyuki　●Oh, I'll be there in a minute. Thank you.
私がそちらに行きます。　　　　　　　　　　ありがとうございます。

Receptionist　●(To Mr. West)
(ウエストさんに)
Ms. Fujimoto will come down to see you in a minute. Would you
まもなく藤本がこちらへ参ります。　　　　　　　　　　　　椅子にかけてお待ちいた
like to take a (⑥　　　　　　　) while you're waiting?
だけますか。

Bruce ●Sure. Thank you for your help.
はい。　　　ありがとうございました。

Receptionist ●It's my (⑦　　　　　　　　　　　　).
どういたしまして。

3 挨拶とスモールトーク

教科書 p.128〜129

受付まで来た美雪は，Bruce Westさんと挨拶を交わしている。Westさんとはメールでのやり取りはあったものの，会うのは初めてである。

Miyuki ●Hello, I'm Miyuki Fujimoto. Nice to meet you.
藤本美雪です。　　　　　　　　　　　お会いできて光栄です。

Bruce ●Nice to meet you, (⑧　　　　　　　). I'm Bruce West. Please call me Bruce.
こちらこそ、お会いできて光栄です。　　　　　　ウエストと申します。　　　　　ブルースと呼んでください。

(Shaking hands)
(握手)

Miyuki ●OK, Bruce. Call me Miyuki. Did you have a nice flight? It was long,
わかりました。ブルース。私のことも美雪と呼んでください。　フライトはいかがでしたか。　　　　長いフライトだったでしょうね。

(⑨　　　　　) it?

Bruce ●Yeah, it was about 10 hours. But the flight itself was not so tiring and
そうですね。10時間くらいでした。　　　でも、フライトそのものはあまり疲れるものではなかったです。食事も最高で、夕食は牛丼だっ

the meals were (⑩　　　　　　). Actually, the dinner was a *gyudon*
たんですよ。とてもおいしかったです。

and I enjoyed it very much.

Miyuki ●That's marvelous. Is this your first visit to Japan?
それはよかったです。　　　　　日本は初めてですか。

Bruce ●No, this is the second time. Last time, I had a business trip to Osaka and
いえ、2回目です。　　　　　　　前回は出張で大阪に、観光で京都に行きました。

went to Kyoto for (⑪　　　　　　　　).

Miyuki ●It (⑫　　　　　　) exciting. Now would you like to see our products?
それは楽しかったでしょうね。　　　　　では、我々の商品をご覧になりますか。

4 来訪の目的

教科書 p.130〜131

2人はショールームへと移動し，Bruceさんの来訪の目的について話し始めた。

Miyuki ●Thank you for your interest in our products. What line of products are
弊社の商品にご興味をお持ちいただきましてありがとうございます。　　　　どの種類の商品に特にご興味をお持ちですか。

you (⑬　　　　　　) interested in? Bags?
カバンでしょうか。

Bruce ●Yes, when I first saw your bags (⑭　　　　) your website, I was very much
そうです。初めて御社のwebサイトでカバンを見た際、非常に驚きました。

surprised. They were (⑮　　　　　　) beautiful. Are they made from a
とてもきれいだったからです。　　　　　着物からつくられているのでしょうか。

kimono?

Miyuki ●(Showing the products on the table)
(机の上の商品を指差しながら)

These are all made (⑯　　　　　) an *obi*, you know, a sash belt for a
これらはすべて帯からできています。着物を結ぶ帯ですね。

kimono. An *obi* is sometimes more expensive than a *kimono* because of
帯はときには着物より高いこともあるのです。デザインのユニークさや、高級な素材や耐久性のためです。

the unique design, the quality materials, and durability.

Bruce ●Are they recycled, I mean, made from an old *obi*?
これらはリサイクルされたものですか。つまり、古い帯ですか。

Miyuki ●(⑰　　　　　) are recycled and (⑱　　　　　　) are made from new
古い帯がリサイクルされたものもありますし、新しくつくられたものもあります。

ones. Even for the recycled ones, I would (⑲　　　　　) call them
リサイクルされたものも、「リサイクル」よりは「アップサイクル」と呼びたいですね。

"upcycled" than "recycled".

Bruce　●I agree. Because they have much more added value.
そうですね。　　付加価値がついていますからね。
Miyuki　●(⑳　　　　　　　).
まさしくその通りです。

5 観光案内　　　　　　　　　　　　　　　　　教科書 p.132〜133

　会議が終わった2人は，東京観光をすることにしました。美雪はBruceさんに浅草寺を
案内しています。

Miyuki　●This is a famous gate called Kaminari-mon. It (㉑　　　　　　　　　　)
これが，雷門と呼ばれる有名な門です。　　　　　　　　　　文字通り，雷の門という意味で，風と雷の神である，
means Thunder Gate. The gate is guarded by Fujin and Raijin, the gods
「風神」と「雷神」によって守られています。
of wind and thunder. You can see these two statues on both sides of the
門の両側にこれら2つの彫像が見えるでしょう。
gate.

Bruce　●They are (㉒　　　　　　　　).
荘厳ですね。

Miyuki　●Yes. Recently this gate has become a very popular instagenic spot. Let's
はい。　　最近では，とても人気のあるインスタスポットにもなっています。　　　　　　　　　このまま
keep going. This is the main street (㉓　　　　　　　) to the temple.
進みましょう。　　これが浅草寺に続くメインストリートです。

Bruce　●Oh, there are so many interesting shops.
おもしろいお店がいっぱいですね。

Miyuki　●Yeah, you can get various things here, Japanese sweets, clothes,
そうなんです。ここでいろいろなものが買えますよ。日本のお菓子も洋服もお土産も，なんでも。
souvenirs and more.

　　　　　　(Walking on the main, Nakamise, street)
　　　　　　(メインストリート，仲見世通りを歩きながら)

Miyuki　●Here we are. This is Sensoji, one of the oldest temples in Tokyo.
着きました。　　　　　　これが浅草寺です。東京で一番古いお寺の1つです。

Bruce　●(Pointing to the people in front of the incense burner)
(香炉のまえにいる人々を指差して)
Wow, what are they doing?
うわ，彼らは何をしているのですか。

Miyuki　●They are wafting smoke over their heads and body parts. It's believed
彼らは，頭や体に煙をかけているのです。　　　　　　　　　　　　　　　　　　　　　そうすると，その部分(体の
that, (㉔　　　) doing so, the parts of your body will be healed.
悪い部分)が治ると信じられているのです。

▶**Step 問題**　　　　　　　　　　　　　　　正答数　　　／2問

1 次の日本文にあう英文になるように，(　　)に適する語を書きなさい。

(1)　(電話で)伝言を残せますか。

　　Can I (　　　) a (　　　)?

(2)　これは木でできた像です。

　　This is a statue (　　　) (　　　) wood.

(1)			(2)		

② 節 入国

● 要点整理

正答数 ／8問

教科書の音声データや，日本語の会話文を参考に，英文を完成させなさい。

1 入国審査

Check!

美雪と上司の伊藤は，サンフランシスコ国際空港に到着し，入国審査を受けている。

I.O. ●Good afternoon. Can I see your (①) and disembarkation card?
こんにちは。 パスポートと入国カードをお願いします。

Miyuki ●Yes, here you are.
どうぞ、お願いします。

I.O. ●What is the (②) of your visit?
入国(訪問)の目的はなんですか。

Miyuki ●(③).
ビジネスです。

I.O. ●How long will you be staying in the US?
どれくらいアメリカに滞在予定ですか。

Miyuki ●For five days.
5日間です。

I.O. ●Where will you be staying?
滞在場所はどこですか。

Miyuki ●At the Mary-Annette Hotel.
マリー・アネットホテルです。

I.O. ●OK. Place your (④) here.
では親指を置いてください。

Miyuki ●Excuse me?
すみません。なんとおっしゃいましたか。

I.O. ●Your thumb. (With a gesture)
親指です。 (身ぶり付きで)

Miyuki ●Oh, OK.
あ、わかりました。

2 税関審査

Check!

入国審査が終わり，美雪と上司の伊藤は自分たちの荷物を受け取って税関へと進んだ。

C.O. ●Do you have anything to (⑤)?
何か申告するものはありますか。

Miyuki ●No, I don't.
いいえ、ありません。

C.O. ●Can you open your bag, please?
荷物をあけてもらえますか。

Miyuki ●Sure.
はい。

C.O. ●What is this?
これは何ですか。

Miyuki ●Oh, it's (⑥). I have a slight cold.
薬です。 風邪ぎみなものですから。

C.O. ●Do you have any other bags?
そのほかの荷物はありませんか。

Miyuki ●No, that's all.
これだけです。

C.O. ●All right. You can go now.
わかりました。 どうぞ。

Miyuki ●By the way, where can I (⑦) money?
ところで、両替はどこでできますか。

C.O. ●The money exchange is in the arrival (⑧).
両替所は到着ロビー内にありますよ。

3節 商談と会議

教科書 p.142〜149

● 要点整理

正答数 ／18問

教科書の音声データや，日本語の会話文を参考に，英文を完成させなさい。

1 商品の確認

教科書 p.142〜143

ABC社をたずねた2人は，Bruceさんと上司のAlexさんと商談を始めた。

Ito ● Thank you for your interests in our products. Our company deals
弊社製品にご興味をお持ちいただきまして，ありがとうございます。 弊社では，着物や帯からつくったさまざまな商品を
(①) various kinds of goods made from a *kimono* or an *obi*. I
販売しておりますが，特にカバンにご興味をお持ちいただいているということですね。
believe that you are particularly interested in our bags made from an

obi, right?

Bruce ● That's right.
その通りです。

Miyuki ● Today, we brought some samples for you.
今日，いくつかサンプルをお持ちしました。

Alex ● (Looking at the samples) Amazing! How many sizes and designs do
(サンプルを見て) 素晴らしいですね。 サイズやデザインの種類はいくつくらいあるのですか。
you have?

Ito ● We have three different sizes: small, medium and large. These are the
サイズは大・中・小の3種類です。 これらは，それぞれのサイズの
samples of each of the size.
サンプルです。

Alex ● Beautiful. How about the design?
きれいですね。 デザイン（模様）についてはどうですか。

Miyuki ● As for the design, it (②) from item to item, because each
模様については，商品ごとに異なっています。なぜなら，（素材となる）帯がそれぞれに独自の模様を持っているからです。
obi has a unique design. So, there are no two (③). That's
ですので，2つとして同じ商品はありません。 これが，海外
one of the reasons why our products (④) well even in overseas
市場でも，当社の商品がよく売れる理由のひとつなのです。
markets.

2 交渉(1)

教科書 p.144〜145

4人は，商品のサイズや価格について，詳細な話し合いを始めた。

Bruce ● I think small ones are very (⑤) and they will appeal
私は小さなサイズが特にいいと思います。アメリカ人にも受けがいいのではないでしょうか。
to Americans.

Miyuki ● I agree. Please feel the (⑥), too. It has an exceptional
そう思います。 生地も触ってみてください。 素晴らしい手ざわりですよね。
(⑦). Also, it is so durable that the customers can use
とても耐久性があるので顧客の方にも長い間使っていただけます。
them for a long time.

Alex ● What is the (⑧) price?
単価はいくらほどですか。

Ito ● We can offer you a small bag at $120, the medium one at $200 and the
小さいサイズは120ドル，中くらいは200ドル，大きいサイズは300ドルでCIFサンフランシスコ建てという条件でご提供できます。
large one at $300 on a CIF San Francisco basis.

Alex ●What about price (⑨ 　　　　　　)? Is it (⑩ 　　　　　　) for you
値引きについてはいかがですか。　　　　　　　　　　　　　　　　値引きいただくことは可能なのでしょうか。
to give us a discount?

Ito ●For now I'm (⑪ 　　　　　　) this is the best price that we can offer
現段階では、これが当社が貴社に提供できる一番いい価格です。
you. But there is a 10% (⑫ 　　　　　　) for an order of 100 units or
しかし、100個以上のご注文には10%の値引きがあります。
more.

3 交渉(2)

Check!

　4人は，商品のサイズや価格，さらには，船積みの時期や一般取引条件についても話し合いを始めた。

Alex ●In my (⑬ 　　　　　　), the offered price might be too high and,
ご提案いただいた価格は高すぎるかもしれません。御社の商品が魅力的でも、若い顧客層を獲得できないかもしれません。
even though your products are attractive, we may lose our young
customers.

Bruce ●Frankly speaking, I can't (⑭ 　　　　　　) with you on that point. Even
率直に言って、この点においては、アレックスさんに賛成できません。　　　　　　　　　　　　　　若い世代で
among young generations, we can focus on the high-end market. How
も、高級品市場に焦点を当てることはできますよね。　　　　　　　　　　　　　　　　　　　　販売促進に
about (⑮ 　　　　　　) celebrities for our sales promotions?
セレブを使うのはいかがでしょうか。

Alex ●That may be a good idea. Small ones are especially fashionable. So, if
それはいい考えかもしれませんね。　小さいサイズは特におしゃれ感がありますからね。　　　もしセレブに
celebrities use them, they will look amazing. How about shipment? We
使ってもらったら、映えるでしょうね。　　　　　　　　　出荷についてはどうですか。　　イース
need our order shipped before the (⑯ 　　　　　　) season starts.
ターの前には出荷してもらいたいのですが。

Ito ●Our stock of this item is low at (⑰ 　　　　　　). But we would be able
現在,在庫量は少なくなっていますが, 2 月なら出荷できるかと思います。
to ship them this February.

Alex ●Good. Let's talk about general terms and conditions of business. After
それならだいじょうぶです。では、一取引条件について話し合いましょう。　　　　　　　　その後,
that we can (⑱ 　　　　　　) our purchase note.
買約書を提出します。

9章
ビジネスの会話

▶Step 問題

正答数　　／2問

1 次の日本文にあう英文になるように，（　　）内の語(句)を並べかえなさい。

(1) この商品を 1 個500円で提供できます。

(at / we / this item / offer / 500 yen / can / you / .)

(2) 残念ですが，賛成できかねます。

(agree / I / I'm / you / sorry / can't / with / but / , / .)

(1)	
(2)	

4節 帰国

教科書 p.150〜155

● 要点整理

正答数 ／10問

教科書の音声データや，日本語の会話文を参考に，英文を完成させなさい。

Check!

1 ホテルのチェックアウト

教科書 p.150〜151

美雪と上司の伊藤は，ホテルをチェックアウトし，サンフランシスコ国際空港に向かう。

| Miyuki | ●Good morning. I'd like to check (①   ), please. |
| おはようございます。   チェックアウトをお願いします。 |

Receptionist ●Certainly. How was your stay?
もちろんです。　　ご滞在はいかがでしたか。

Miyuki ●It was (②   ).
素晴らしかったです。

Receptionist ●I'm glad to hear that. Here is the (③   ) for your room
よかったです。　　　　　　　　　　　お部屋代，ミニバー，そしてレストランでのお食事に関する請求書です。

charge, (④   ), and for your meals at our restaurants.

Would you like to check?
ご確認いただけますか。

Miyuki ●Sure. (After checking it) That's fine.
はい。　　（チェック後）　　これで結構です。

Receptionist ●Thank you. Here is your receipt.
ありがとうございました。こちらが領収証となります。

Miyuki ●Could you (⑤   ) a taxi for me to the airport?
タクシーを呼んでもらえますか。空港まで行きたいのですが。

Receptionist ●Of course. I'll arrange a taxi for you. Are you taking a domestic
もちろんです。　　　お呼びいたします。　　　　　　　飛行機は国内便ですか，それとも国際便ですか。

flight or an international flight?

2 空港での出国手続き

教科書 p.152〜153

国際線ターミナルに到着し，2人は航空会社のカウンターに向かった。

Ito ●Can we check (⑥   ) here?
こちらでチェックインできますか。

Staff ●Yes. Please stand in (⑦   ) over here.
はい。　こちらの列に並んでください。

Counter ●Next, please. May I see your ticket and passport?
次の方どうぞ。　　　　　飛行機のチケットとパスポートを拝見できますか。

Ito & Miyuki ●Sure.
はい。

Counter ●How many (⑧   ) of baggage do you want to check in?
お預けの荷物は何個になりますか。

Ito ●One each.
各自，1つです。

Counter ●(Pointing to the pictures) Please (⑨   ) that you do
（写真を指差しながら）　　　　　これらの持ち込み禁止物がカバンの中に入っていないかご確認ください。

not have these prohibited items in your baggage.

Ito ●We don't have any of these items.
ありません。

Counter ●Here are your (⑩   ) passes. Please be at Gate 8 by
こちらが搭乗券となります。　　　　　　　11時30分までに8番ゲートにお越しください。

11:30.

Ito & Miyuki ●Thank you.
はい，ありがとうございました。

1回目☐(1)　立ち居振る舞い，表情や身振り手振
2回目☐　　　りなどのジェスチャーなどから心情を
　　　　　　伝え，読み取るコミュニケーションの
　　　　　　方法。

（　　　　　　　　　　　　　　）

☐(2)　英語を母語として持たない，多様な
☐　　　国の人々とコミュニケーションをとる
　　　　ための，共通語としての英語。

（　　　　　　　　　　　　　　）

☐(3)　天候や旅行，食事の話など，初対面
☐　　　でも会話を盛り上げることができる気
　　　　軽な話題。（　　　　　　　　　）

☐(4)　英語圏において，人間関係を円滑に
☐　　　するための丁寧な言葉遣いや配慮のこ
　　　　と。　　　　　（　　　　　　　　）

☐(5)　積地港で貨物を船に積み込むまでの
☐　　　諸費用と危険を売り手(輸出者)が負担
　　　　することを条件とする価格。

（　　　　　　　　　）

☐(6)　(5)に加え，仕向港までの運賃を売り
☐　　　手(輸出者)が負担する場合の価格。

（　　　　　　　　　）

☐(7)　(5)に加え，仕向港までの運賃と保険
☐　　　料を売り手(輸出者)が負担する場合の
　　　　価格。（　　　　　　　　　　）

☐(8)　買い手から売り手への商品に関する
☐　　　問い合わせ。　（　　　　　　　　）

☐(9)　買い手の条件を検討したうえで，売
☐　　　り手から買い手に対して行う申し込
　　　　み。　　　　　（　　　　　　　　）

☐(10)　たがいの条件が一致し，オファーが
☐　　　無条件に承諾されること。

（　　　　　　　　　）

☐(11)　発行した銀行が売り手に対して，商
☐　　　品代金の支払いを買い手に代わって保
　　　　証する文書のこと。

（　　　　　　　　　）

☐(12)　輸出手続きがすべて完了し，本船へ
☐　　　の船積みが完了したとき売り手(輸出
　　　　者)に船会社から発行されるもの。

（　　　　　　　　　）

4編

ビジネスと外国語

▲アプリは
こちらから

アプリでほかの問題にもチャレンジしてみよう！

memo

　本書での学習を進めるにあたり，各章ごとに記録をつけながら学習態度を振り返ったり，目標を設定したりしましょう。

　重要用語の確認は，得点を記入しましょう。探究問題は，自分自身がよくできたと感じた場合は，一番左のチェックボックスにチェックをつけましょう。できたと感じた場合は真ん中，あまりできなかったと感じた場合は，一番右のチェックボックスにチェックをつけましょう。memo欄には，「記述問題の正答数を増やす」など，次の章の学習で自分自身が目標にしたい内容を書きこんでください。また，それができたかも振り返りながら学習を進めていきましょう。

1章 企業の組織と人間関係 p.2〜11

| 重要用語の確認(p.11) | 1回目 　/21問 | 2回目 　/21問 |
| 探究問題(p.10) | Check! 🙂 🙂 🙁 | |

memo

2章 応対に関するビジネスマナー p.12〜31

| 重要用語の確認(p.31) | 1回目 　/20問 | 2回目 　/20問 |
| 探究問題(p.30) | Check! 🙂 🙂 🙁 | |

memo

3章 交際に関するビジネスマナー p.32〜41

重要用語の確認1 (p.40)	1回目 　/25問	2回目 　/25問
重要用語の確認2 (p.41)	1回目 　/20問	2回目 　/20問
探究問題(p.39)	Check! 🙂 🙂 🙁	

memo

4章 接客に関するビジネスマナー p.42〜47

重要用語の確認(p.47)	1回目	/14問	2回目	/14問	
探究問題(p.46)	Check!	☺ ☺ ☹			

memo
_____
_____
_____

5章 コミュニケーションの役割と思考方法 p.48〜59

重要用語の確認1(p.58)	1回目	/17問	2回目	/17問
重要用語の確認2(p.59)	1回目	/19問	2回目	/19問
探究問題(p.57)	Check!	☺ ☺ ☹		

memo
_____
_____
_____

6章 ビジネスにおけるコミュニケーション p.60〜73

重要用語の確認(p.73)	1回目	/19問	2回目	/19問
探究問題(p.72)	Check!	☺ ☺ ☹		

memo
_____
_____
_____

7章 コミュニケーションとビジネススキル p.74〜85

重要用語の確認1(p.84)	1回目	/17問	2回目	/17問
重要用語の確認2(p.85)	1回目	/23問	2回目	/23問
探究問題(p.83)	Check!	☺ ☺ ☹		

memo
_____
_____
_____

4編 ビジネスと外国語　9章 ビジネスの会話 p.86〜93

重要用語の確認(p.93)	1回目	/12問	2回目	/12問

memo
_____
_____
_____

● 編修

実教出版編修部

〔(商業 704) ビジネス・コミュニケーション〕準拠
ビジネス・コミュニケーション
準拠問題集
※ QR コードは (株)デンソーウェーブの登録商標です。

本文基本デザイン──松利江子
表紙デザイン──松利江子

● 編　者──実教出版編修部

● 発行者──小田良次

● 印刷所──株式会社加藤文明社

● 発行所──実教出版株式会社

〒102-8377
東京都千代田区五番町 5
電話〈営業〉(03) 3238-7777
　　〈編修〉(03) 3238-7332
　　〈総務〉(03) 3238-7700
https://www.jikkyo.co.jp/

002502022　　　　　　　　ISBN　978-4-407-36066-0